Índice | Inhalt

para onde eu vou | wo ich hingehe

ferve a luz | brodelt das licht

sonhos azuis | blaue träume

guardamos o lugar | wir bewahren den ort

Ondjaki

Sonhos Azuis Pelas Esquinas

—

Blaue Träume in jedem Winkel

aus dem Portugiesischen von

Michael Kegler

zweisprachig /bilingue

Portugiesisch-Deutsch

Ondjaki
Sonhos azuis pelas esquinas | Blaue Träume in jedem Winkel
aus dem Portugiesischen von Michael Kegler

Übersetzung und Publikation wurden unterstützt durch
das Programm »Portugal–Leipzig 2021« von:
Camões – Instituto da Cooperação e da Língua, IP
Direção-Geral do Livro, dos Arquivos e das Bibliotecas.

Umschlaggestaltung: Nuno Mendoça – Artes Advertising GmbH
Titelbild unter Lizenz von Shutterstock.com
Autorenfoto: © Abderrahamane Ualibo
Druck: Druckservice Uwe Grube, Hirzenhain

ISBN: 978-3-939455-16-5

em qualquer estação
é perto *que mais somos.*

an jeder station
ist nah, *was wir am meisten sind.*

[aus den Notizen des Autors
das anotações do autor]

para onde eu vou

—

wo ich hingehe

Buenos Aires

– Você nunca sonhou com um homem careca que atende pelo nome de Oriegn Artse?

Gostaria de não ter respondido. De conseguir resistir e não dar continuidade à conversa. Mas talvez me fosse arrepender. Há dias – e pessoas – que se revelam mais poderosos do que bons momentos de ficção.

– Nunca sonhou, ou não se lembra? Um tipo bem vestido, fala baixo. Faz lembrar aquele... Ben Kingsley, mas mulato. Nada?

Por mim ficava a tarde toda assim, mudo, sorrindo ou em total abstração, a aguardar a progressão do relato. O homem tinha em si a estranhíssima serenidade de quem conhece o destino e a profundidade da sua missão. As suas perguntas não carregavam um pingo de exagero.

– Mas nunca sonha... Ou nunca sonhou com o mulato careca, Oriegn Artse?

– «Nunca» é uma palavra forte de mais – acabei por dizer. – Digamos que sonho muito pouco.

– Ah!, isso é diferente. Conheço bem a raça dos que não sonham de todo. E você não me parece um deles. Pelo contrário...

Novamente o olhar. Agora vinha com uma réstia de sugestão à qual era suposto eu reagir. Mas a verdade é que, em todos os momentos, o homem parecia falar comigo apenas para cumprir a ur-

Buenos Aires

»Haben Sie noch nie von einem glatzköpfigen Mann namens Oriegn Artse geträumt?“

Ich hätte gern nicht geantwortet. Wäre gern in der Lage gewesen, zu widerstehen und dem Gespräch nicht noch Nahrung zu geben. Aber vielleicht hätte ich es bereut. Es gibt Tage – und Leute –, die sich als mächtiger erweisen als gute Augenblicke der Fiktion.

»Nie geträumt, oder erinnern Sie sich nur nicht mehr? Er ist gut gekleidet, spricht leise. Erinnert an diesen … Ben Kingsley, nur dunkel. Nein?«

Von mir aus wäre ich den ganzen Nachmittag lang so geblieben, stumm, hätte gelächelt oder vollkommen entrückt den Fortgang seines Berichts abgewartet. Der Mann hatte die seltsame Ruhe desjenigen an sich, der die Bestimmung und Tiefe seiner Mission kennt. In seinen Fragen lag nicht ein Funke von Übertreibung.

»Aber träumen Sie nie … Oder haben Sie nie von dem glatzköpfigen dunkelhäutigen Oriegn Artse geträumt?

»›Nie‹ ist ein zu starker Begriff«, sagte ich schließlich. »Sagen wir, dass ich nur wenig träume.«

»Ah! Das ist was anderes. Ich kenne die Sorte Mensch gut, die nicht träumt. Und Sie scheinen mir nicht von der Sorte zu sein. Ganz im Gegenteil …«

Wieder der Blick. Nun aber mit dem Anflug eines Vorschlags, auf den ich wohl reagieren sollte. Tatsächlich aber schien der Mann die ganze Zeit über mit mir nur zu reden, um der Dring-

gência de uma outra preocupação. Como se falar comigo fosse um atalho para outros lugares. Outras palavras até.

– Muito pelo contrário... – insistiu o homem. – Você diz que sonha pouco, mas estou convencido de que sonha bem.

– E como seria sonhar bem?

– Você sabe melhor do que eu. A intensidade.

O regresso dos mesmos episódios. Mas não se preocupe. Esses seus sonhos que se repetem não me dizem respeito.

Desviei o olhar. O toque demasiado certeiro daquela descrição incomodava-me.

Só faltava ele saber, ou anunciar em voz alta, que conhecia o conteúdo dos meus sonhos cíclicos.

– É como lhe disse, sonho muito pouco.

– Mas do pouco que sonha, lembra-se de algum rosto? Alguém que não seja a sua família, que apareça inusitadamente no sonho... Um intruso, digamos assim. Sabe? Na perfeição fílmica dos sonhos, o intruso aparece desfocado, mal resolvido. Ou se destaca dos outros por fatores físicos, como a cor, ou a dimensão, ou pelo comportamento, digamos, fala uma língua que ninguém entende, fala de coisas que nada têm a ver com a ação que o sonho pretende. Então?

– Nada. Desculpe. Não estou a ver...

– Faça um esforço, homem! – pegou-me no braço revelando o tom sincero da sua súplica. – Faça um esforço que eu ajudo-o. Feche os olhos, procure lembrar-se. O nome é exatamente este que lhe disse: Oriegn Artse. E quanto a isto, não há o que enganar: nalguma frase, nalguma janela embaciada, nalgum bilhete, nalguma carta, nalguma mensagem seja de que tipo for, este homem,

lichkeit einer anderen Sorge zu entsprechen. Als wäre sich mit mir zu unterhalten ein Weg anderswohin. Gar zu anderen Worten.

»Ganz im Gegenteil …«, wiederholte der Mann. »Sie sagen, Sie träumen nur wenig, aber ich bin überzeugt davon, dass Sie gut träumen.«

»Und was hieße gut träumen?«

»Das wissen Sie besser als ich. Die Intensität. Immer wieder dieselben Begebenheiten. Aber keine Sorge. Diese Träume von Ihnen, die sich wiederholen, darum geht es mir nicht.«

Ich schaute weg. Der allzu treffende Ton seiner Beschreibung beunruhigte mich. Es fehlte nur noch, dass er wusste oder gar laut aussprach, was ich immer wiederkehrend träumte.

»Wie ich schon sagte, ich träume sehr wenig.«

»Aber aus dem Wenigen, das Sie träumen, erinnern Sie sich da an ein Gesicht? Jemand, der nicht aus Ihrer Familie ist, der unerwartet im Traum erscheint … Ein Eindringling, sozusagen. Wissen Sie? In der filmischen Perfektion der Träume erscheint der Eindringling unscharf, in schlechter Auflösung. Oder er zeichnet sich anderweitig durch körperliche Auffälligkeiten aus, wie Farbe oder Größe oder Verhalten, nennen wir es einmal so, spricht vielleicht eine Sprache, die niemand versteht, sagt etwas, das nichts mit dem zu tun hat, was im Traum geschieht. Also?

»Nein. Tut mir leid. Nichts dergleichen …«

»Geben Sie sich Mühe, Mann!« Er fasste mich am Arm und in seinem Flehen lag etwas Aufrichtiges. »Geben Sie sich etwas Mühe, ich helfe Ihnen. Schließen Sie sie die Augen, versuchen Sie sich zu erinnern. Es ist genau dieser Name, den ich Ihnen genannt habe: Oriegn Artse. Was diesen angeht, kann man sich nicht täuschen: ein Satz, ein beschlagenes Fenster, ein Zettel, ein Brief, eine Botschaft, wie auch immer, dieser Mann, dunkelhäutig, glatzköp-

mulato, careca, bem vestido, deixa o seu nome nos sonhos. É o que ele faz. Foi o que me fez a mim.

Olhei para a sua mão no meu braço. O homem recuperou a respiração. Controlou o olhar. Afastou a mão. Tossiu levemente.

– Mas você, sim, já sonhou com este homem? – não resisti à pergunta.

– Claro. Mas comigo foi diferente. Não foi só uma vez. Mais do que isso: Oriegn Artse deixa-me recados nos sonhos dos outros. Condenou-me à curiosidade de ir montando um puzzle que se revela perpétuo.

– Mas ninguém é perpétuo – brinquei. – Salvo raríssimas exceções.

– Somos perpétuos enquanto duramos, meu amigo. E vou dar-lhe uma má notícia: homens como nós sonham até ao fim.

– «Homens como nós»?

– Sim. Você sabe perfeitamente ao que me refiro. É a maldição dos homens que podem sonhar. Nada tem a ver com a lucidez ou a demência. Havemos de sonhar até ao fim.

– Não haverá exceções?

– Não, meu amigo. Falo novamente da intensidade dos sonhos: uma vez aberta a porta, é para sempre. Por isso lhe perguntei sobre esse homem que deixa recados para mim nos sonhos dos outros.

– É isso que o senhor procura? Um recado?

– Não sou eu que procuro, tente entender de uma vez por todas. É ele que os planta. A mim resta-me encontrar esses pedaços espalhados pelo mundo e sobreviver à humilhação de ter estas conversas aparentemente loucas.

fig, gut gekleidet, hinterlässt seinen Namen im Traum. Das tut er. Hat er bei mir getan.

Ich schaute auf seine Hand auf meinem Arm. Der Mann atmete wieder normal. Fing seinen Blick wieder ein. Nahm seine Hand weg. Hustete leise.

»Haben Sie denn schon einmal von dem Mann geträumt?« Die Frage konnte ich mir nicht verkneifen.

»Selbstverständlich. Aber bei mir war es anders. Es war nicht nur einmal. Und mehr noch: Oriegn Artse hinterlässt mir Botschaften in Träumen anderer. Er hat mich zu dem Kuriosum verdammt, ein Puzzle zusammenzusetzen, das sich als unendlich erweist.«

»Aber niemand ist unendlich«, scherzte ich. »Von sehr wenigen Ausnahmen abgesehen.«

»Wir sind unendlich, solange wir sind, mein Freund. Ich habe eine schlechte Nachricht für sie: Menschen wie wir träumen sogar bis zum Schluss.«

»Menschen wie wir?«

»Ja. Sie wissen genau, was ich meine. Es ist der Fluch der Menschen, die träumen können. Es hat nichts mit Klarheit zu tun oder mit Unverstand. Wir müssen bis zum Schluss träumen.«

»Und es gbit keine Ausnahmen?«

»Nein, mein Freund. Auch hier geht es wieder um Intensität: einmal geöffnet, bleibt die Tür immer offen. Deswegen frage ich nach diesem Mann, der mir in den Träumen der Anderen Botschaften hinterlässt.«

»Ist es also das, was Sie suchen? Eine Botschaft?«

»Nicht ich suche sie. Versuchen Sie, das ein für alle Mal zu verstehen. Er sät sie aus. Mein Part ist, diese überall auf der Welt verstreuten Bruchstücke zu finden und mit der Demütigung umzugehen, solche scheinbar verrückten Gespräche zu führen.«

O homem parecia ansioso. Ou preocupado.

Comecei a sentir-me culpado. Pedi dois whiskies, duplos. O leve gesto da sua cabeça aprovou a bebida. Embaraçado, senti-me no dever de o ajudar. Fiz um esforço cronológico para invocar os poucos sonhos de que me lembrava. Nenhum estranho personagem, ou melhor, alguns bem estranhos, mas eram os personagens habituais dos meus sonhos. Nenhum desfocado, a falar de modo estranho, nem de cores ou tamanhos anormais. E por mais que tentasse, não me consegui lembrar de ninguém que pudesse condizer com a descrição.

Cedi à vontade do que naquele momento me pareceu mais certo: o torpor do whisky trazia-me uma sensação maravilhosa na ponta dos dedos e no peito. Também na garganta. E respirava melhor. Pedi mais dois whiskies, duplos. Enquanto o homem, bebendo também, falava agora num tom mais calmo.

– Quando o vi de longe tive muita esperança. Muita mesmo. Algo no seu olhar me dizia que você poderia ser um mensageiro.

– Isso é outra das misteriosas definições do mundo dos sonhos? – disse eu, com a ironia que o whisky permitia. – Há o «intruso»... E o «mensageiro»... É isso?

O homem sorriu tão lentamente que fui forçado a olhar para ele. A expressão no seu rosto era outra. Algo brilhava no cimo da sua cabeça. Vendo bem, vi melhor: o homem era completamente careca.

– Você brinca, mas um dia entenderá. Sim, pensei que você era um mensageiro. É alguém que funciona ao contrário. É alguém que pode inscrever coisas nos sonhos.

Der Mann wirkte getrieben. Oder besorgt.

Ich begann, mich schuldig zu fühlen. Und bestellte zwei doppelte Whisky. Mit einem leichten Nicken stimmte er dem Getränk zu. Verlegen fühlte ich mich verpflichtet zu helfen und bemühte mich chronologisch, mir die wenigen Träume, an die ich mich noch erinnerte, ins Gedächtnis zu rufen. Keine fremde Gestalt, besser gesagt, schon einige ziemlich fremdartige, doch nur die üblichen aus meinen Träumen. Niemand unscharf, der merkwürdig redete, auch niemand in seltsamen Farben und Größen. So sehr ich es auch versuchte, mir fiel niemand ein, auf den die Beschreibung passte.

Ich gab dem Drängen nach, das mir in diesem Augenblick als das Beste erschien: Die Trägheit des Whiskys gab mir ein wunderbares Gefühl in den Fingerspitzen und in der Brust. Auch in der Kehle. Ich bekam besser Luft. Bestellte noch zwei Whisky, doppelte. Während der Mann, ebenso trinkend, nun in ruhigerem Ton redete.

»Als ich Sie von weitem sah, hatte ich große Hoffnung. Wirklich große. Etwas in Ihrem Blick sagte mir, das Sie der Botschafter sein könnten.«

»Ist das noch so eine der merkwürdigen Definitionen für die Welt der Träume?«, fragte ich mit der Ironie, die der Whisky ermöglichte. »Es gibt den ›Eindringling‹ … Und den ›Botschafter‹ … Richtig?«

Der Mann lächelte dermaßen langsam, dass ich gezwungen war, ihn anzusehen. Sein Gesichtsausdruck war nun ein anderer. Etwas glänzte auf seinem Kopf. Bei genauem Hinsehen erkannte ich: Der Mann war vollkommen kahl.

»Sie lachen, aber irgendwann werden Sie verstehen. Ja, ich dachte, Sie seien ein Botschafter. Jemand, der anders herum funktioniert. Jemand, der in Träume schreiben kann.«

– E se eu fosse um mensageiro...?

Atendi melhor à mansidão dos seus gestos. A delicadeza ao pousar o seu copo de whisky. Os botões aveludados da camisa.

– Entendi o que me quer dizer... – falou, sério, enquanto me olhava sem pestanejar. – Agora entendi. Compreendo o seu segredo. A sua técnica.

– Mas...

– Não se preocupe. Já entendi. Fique descansado. Fica entra nós. Se... Se você fosse um mensageiro, eu teria um recado para o senhor Oriegn Artse.

Tirou do bolso esquerdo uma cigarreira antiga, mas limpa. Tirou o cigarro. Voltou a guardá-la. Acendeu-o. Provou do seu whisky, deixando-me nessa espera que bem poderia ter sido a continuação de coisa nenhuma. Mas falou.

– Avise o senhor Oriegn Artse que a próxima vez que eu o vir, será a última que ele me verá. Ele há-de entender.

Há dias – e pessoas – que se revelam mais temerosos do que bons momentos de ficção. Tive medo. Levantei-me e parti.

Antes, vi a careca que brilhava mesmo depois da passagem lenta do lenço. A roupa impecável. O estilo calmo e o olhar fixo na berma daquele nariz inconfundível. Inesquecível. Mas na noite em que sonhei com o mulato parecido com Ben Kingsley, eu não o reconheci.

Estou convencido de que não sou um mensageiro.

Na noite em que sonhei com Oriegn Artse, eu não o reconheci porque era ele que me sonhava a mim.

»Und wenn ich ein Botschafter wäre …?«

Ich ging mehr auf die Sanftheit seiner Bewegungen ein. Die Vorsicht, mit der er sein Whiskyglas abstellte. Die samtenen Knöpfe an seinem Hemd.

»Ich verstehe, was sie mir sagen wollen …« sagte er ernst und schaute mich an, ohne zu blinzeln. »Ich habe verstanden. Ich habe ihr Geheimnis durchschaut. Ihre Technik.«

»Aber …«

»Keine Sorge. Ich habe verstanden. Machen Sie sich keine Sorgen. Es bleibt unter uns. Wenn … Wenn Sie ein Botschafter wären, hätte ich eine Nachricht für Herrn Oriegn Artse.«

Er holte aus seiner linken Tasche ein altes, aber sauberes Zigarettenetui. Nahm eine Zigarette heraus. Steckte er es wieder ein. Steckte die Zigarette an. Nippte von seinem Whisky und überließ mich dieser Erwartung, die gut auch die Fortsetzung von überhaupt nichts sein konnte. Aber dann sprach er.

»Richten Sie Herrn Oriegn Artse aus, dass nächstes Mal, wenn ich ihn sehe, es das letzte Mal sein wird, dass er mich sieht. Er wird es verstehen.«

Es gibt Tage – und Leute –, die sich als furchterregender herausstellen als gute Augenblicke der Fiktion. Ich bekam Angst. Ich stand auf und ging.

Davor noch sah ich seine Glatze, die selbst, als er sie mit dem Taschentuch abgewischt hatte, noch glänzte. Seine Kleidung, die tadellos war. Die ruhige Art und den starren Blick am Rand dieser unverwechselbaren Nase. Unvergesslich. Aber in der Nacht, in der ich von dem dunkelhäutigen Mann träumte, der wie Ben Kingsley aussah, erkannte ich ihn nicht.

Ich bin überzeugt davon, dass ich kein Botschafter bin.

In der Nacht, in der ich von Oriegn Artse träumte, erkannte ich ihn nicht, weil er es war, der mich träumte.

Budapeste

Budapeste é um mistério. A própria língua húngara é um mistério. Para nós, claro.

Encontrei tantas pessoas em Budapeste que falavam fluentemente a nossa língua desportuguesa que julguei ser um hábito comum entre os húngaros aproximarem-se do nosso idioma como se fosse um hobby.

Eu tinha saído de Lisboa num voo via Frankfurt. Acho eu. Tudo nessa viagem são memórias que agora procuro resgatar. Digo «agora» depois da viagem e dos estranhos eventos que a caracterizaram.

Em Frankfurt, à espera do próximo voo, a fila atrasou-se devido à gorda senhora que trajava três calças, duas blusas interiores, duas sweters e três casacos grossos. Além dos cachecóis e luvas presas nos bolsos. Os guardas decidiram parar toda a fila para a revistar, olhando para nós com miradas ameaçadoras.

– O olhar é um instrumento poderoso… – disse-me o monge careca.

– Desculpe? – olhei para ele.

– O olhar. O modo como olhamos os outros.

– Ou deixamos que nos olhem. Há sempre duas vias num olhar.

– Nem sempre – afirmou o monge.

– Como assim?

– Eu já fui olhado por um cego que sabia ver.

Budapest

Budapest ist ein Rätsel. Die ungarische Sprache allein ist ein Rätsel. Für uns natürlich.

Ich habe in Budapest so viele Leute getroffen, die unsere entportugiesische Sprache so fließend beherrschen, dass ich es für eine Gewohnheit der Ungarn hielt, sich unserer Sprache zu nähern wie einem Hobby.

Ich war aus Lissabon mit einem Flug über Frankfurt gekommen. Glaube ich. Alles an dieser Reise sind Erinnerungen, die ich nun zu retten versuche. Ich sage »nun«, nach der Reise und den merkwürdigen Ereignissen, von denen sie geprägt war.

In Frankfurt beim Warten auf den nächsten Flug verzögerte sich die Schlange wegen der dicken Frau, die drei Hosen, zwei Unterhemden, zwei Pullover und drei dicke Jacken übereinander trug und sich Schals und Handschuhe in die Taschen gestopft hatte. Die Sicherheitsleute hielten die gesamte Schlange an, um sie zu durchsuchen, und warfen uns drohende Blicke zu.

»Der Blick ist ein mächtiges Instrument …«, sagte der Mönch mit der Glatze zu mir.

»Bitte?«, ich schaute ihn an.

»Der Blick. Die Art, wie wir uns ansehen.«

»Oder ansehen lassen. Ein Blick hat immer zwei Richtungen.«

»Nicht immer«, sagte der Mönch.

»Wie bitte?«

»Ich bin schon von einem Blinden betrachtet worden, der sehen konnte.«

– Acredito – sorri. – Eu acho que todos os cegos sabem ver.

– Vai para Budapeste?

– Vou sim.

– Turismo?

– Não. Livros.

– Vende livros?

– Não. Escrevo-os.

Ainda em Lisboa, dois dias antes de partir, recebi uma mensagem no telefone que muito me intrigou:

«você não me conhece. Sou um alfarrabista húngaro em Lisboa. Li no jornal que vai a Budapeste. Se souber notícias do anão, avise-me. Estou neste numero. PS: visite a casa do ator Zoltan. Obrigado. B.»

Pensei tratar-se de uma brincadeira do amigo António Mendez, o espanhol que, uma vez, em Nova Iorque, me apresentou uma bruxa verdadeira que até ia a Itália, todos os verões, fazer cursos de reciclagem de bruxaria arcaica. Mas estranhei a perfeição do português.

Já no avião, o monge reencontrou-me. Voltava da casa de banho com as sobrancelhas arregaladas e um sorriso pueril.

– Viu a diferença?

– Como assim?

– No olhar. Veja a hospedeira de nome Vânia. Tem flores no olhar... Em vez de adagas – piscou-me o olho e desapareceu.

Vânia, a hospedeira, tinha um olhar vaporoso reservado a todos a quem olhava. Ficou-me a dúvida sobre a espontaneidade de tal alumbramento.

»Das glaube ich«, lächelte ich. »Ich denke, alle Blinden können sehen.«

»Fliegen Sie nach Budapest?«

»Ja.«

»Urlaub?«

»Nein, Bücher.«

»Verkaufen Sie Bücher?«

»Nein, ich schreibe sie.«

In Lissabon noch, zwei Tage vor meiner Abreise, bekam ich eine Nachricht aufs Telefon, die mich sehr nervös gemacht hatte:

»Sie kennen mich nicht. Ich bin ungarischer Antiquar in Lissabon. Ich habe in der Zeitung gelesen, dass Sie nach Budapest reisen. Wenn Sie etwas von dem Zwerg hören, sagen Sie mir Bescheid. Sie erreichen mich unter dieser Nummer. P.S.: besuchen Sie die Wohnung des Schauspielers Zoltán. Danke. B.«

Erst hielt ich es für einen Spaß meines Freundes António Mendez, ein Spanier, der mir einmal in New York eine echte Hexe vorgestellt hatte, die sogar jeden Sommer in Italien Kurse in Wiederverwertung archaischer Hexenkunst gab. Allerdings hatte ich mich über das perfekte Portugiesisch gewundert.

Im Flugzeug dann traf mich der Mönch wieder. Er kam gerade von der Toilette mit hochgezogenen Augenbrauen und einem bübischen Grinsen.

»Haben Sie den Unterschied gesehen?«

»Wie bitte?«

»Im Blick. Schauen Sie, die Stewardess namens Vânia. In ihrem Blick sind Blumen … Keine Dolche.« Er zwinkerte mir zu und verschwand.

Vânia, die Stewardess, hatte für alle, die sie anschaute, einen ätherischen Blick. Mir blieb der Zweifel über die Spontaneität einer solchen Erscheinung.

Fui bem recebido em Budapeste. Professores, um grupo de alunos que dominava a língua portuguesa quase melhor do que eu, e outras pessoas a quem fui sendo apresentado. Quando cheguei ao hotel, pouco depois de ter subido, tive que sair do banho apressado. Bateram à porta. Uma jovem que poderia bem ser prima de Vânia trazia numa bandeja um pequeno envelope. «It's for you.»

Terminei o banho. Abri as janelas do quarto. Fazia um frio quase agradável. O bilhete dizia em letra legível: «O que você procura, não está aqui.»

Apanhei um susto. Não pelo que estava escrito mas pelo que me lembrei. O monge também me tinha dito isso: «às vezes o que procuramos não está no mesmo lugar que nós.»

Nessa noite tinha uma sessão de leituras com tradução simultânea. Seguiram-se algumas perguntas às quais preferi responder em inglês. Nisto, levantou-se um jovem com muito à vontade e alguma graça:

– Não tenho nenhuma pergunta. Mas queria dizer-lhe uma coisa: hoje estava em casa, de manhã, e tocaram à porta. Fui espreitar e não vi ninguém. Tocaram de novo. Aproximei-me e ouvi uma voz: «aqui em baixo. Abra por favor». Tratava-se de um verdadeiro anão.

O meu coração acelerou. Não era o que eu procurava, era o que o tal alfarrabista tinha dito na mensagem que me disparava um alarme interno. Devo ter feito uma cara estranha.

– É verdade – continuava o jovem. – Um anão, todo vestido de preto. Não sei se parecia um punk ou um agente funerário.

In Budapest wurde ich freundlich empfangen. Lehrer, eine Gruppe Studierender, die Portugiesisch fast besser beherrschten als ich, und noch andere Leute, denen ich vorstellt wurde. Als ich im Hotel war, musste ich, kaum war ich oben, hastig aus der Dusche kommen. Es klopfte an der Tür. Eine junge Frau, die Vânias Cousine hätte sein können, brachte auf einem Tablett einen kleinen Umschlag. »It's for you.«

Ich duschte fertig. Öffnete die Fenster meines Zimmers. Es war fast angenehm kalt. Auf dem Papier stand in lesbarer Schrift: »Was Sie suchen, ist nicht hier.«

Ich bekam einen Schrecken. Nicht wegen dem, was da geschrieben stand, sondern dem, an das es mich erinnerte. Der Mönch hatte mir auch gesagt: »Manchmal ist das, was wir suchen, nicht am selben Ort wie wir.«

Am Abend hatte ich eine Lesung mit Simultanübersetzung. Dann gab es ein paar Fragen, die ich lieber auf Englisch beantwortete. Ein junger Mann stand auf, sehr selbstverständlich und nicht ohne Humor:

»Ich habe gar keine Frage. Aber ich wollte Ihnen etwas erzählen: Ich war heute früh zu Hause, da klingelte es an der Tür. Ich ging nachsehen und sah niemanden. Es klingelte noch einmal. Ich kam näher und hörte eine Stimme: ›hier unten. Machen Sie bitte auf.‹ Es war ein wahrhaftiger Zwerg.«

Mein Herz schlug schneller. Es war nicht das, was ich suchte, sondern was mir dieser Antiquar in der Nachricht geschrieben hatte, das nun einen Alarm in mir auslöste. Ich muss ein komisches Gesicht gemacht haben.

»Es stimmt«, fuhr der junge Mann fort. »Ein Zwerg, schwarz gekleidet. Ich weiß nicht, ob er mehr wie ein Punk wirkte oder

Disse que o carro dele tinha avariado e que precisava de ajuda para empurrar.

O público todo, assim como eu, estava estupefacto. Inerte, ansioso pela continuação da estória.

– Desci. Não havia mais ninguém na rua. Empurrei o carro com esforço. Ele ajudava como podia, empurrando a lateral da viatura. Quando houve impulso suficiente, o anão entrou no carro e partiu.

Fez-se um estranho silêncio. Ninguém dizia nada. Era o jovem o dono do momento. Esperámos.

– E nada... Só achei estranho isso. Nem me agradeceu. Nunca mais vi o anão.

A sessão terminou. Fui falar com o jovem. Um grupo restrito saiu para beber copos. A jovem portuguesa foi, com outros, acompanhar-me à paragem do elétrico. Ia, ela, noutra direção. Restava o jovem da estória do anão, um outro rapaz com sotaque de Portugal e grande conhecedor de um vasto número de anedotas, e uma mulher húngara. A portuguesa despediu-se.

– Vês aquele prédio? Morei ali muito tempo, quando cá cheguei.

E partiu. Ficámos parados à espera do elétrico. A húngara partiu. Depois o jovem contador de estórias. Bálint, o das anedotas, apontou para a mesma janela.

– Esse apartamento tem uma estória muito fixe...

– Esse onde morava a portuguesa?

– Sim, pá. Uma estória trágica, tás a ver?

– Como assim?

eher wie ein Bestatter. Er sagte, sein Auto habe eine Panne und er bräuchte Hilfe beim Schieben.«

Das gesamte Publikum war, wie ich auch, verblüfft. Reglos, gespannt darauf, wie die Geschichte weiterging.

»Ich ging nach unten. Niemand sonst war auf der Straße. Ich schob mühsam das Auto an. Er half, so gut er konnte, schob von der Seite. Als genug Schwung da war, sprang der Zwerg ins Auto und fuhr los.

Eine merkwürdige Stille machte sich breit. Niemand sagte etwas. Der junge Mann war Herr des Augenblicks. Wir warteten.

»Nichts weiter … Ich fand es nur merkwürdig. Er hat sich nicht einmal bedankt. Ich habe den Zwerg nie mehr gesehen.«

Die Lesung war zu Ende. Ich sprach den jungen Mann an. Eine kleine Gruppe ging etwas trinken. Die junge Portugiesin und andere begleiteten mich zur Straßenbahnhaltestelle. Sie fuhr in die andere Richtung. Übrig blieben der junge Mann mit der Zwergengeschichte, ein anderer Junge mit portugiesischer Aussprache und einem großen Repertoire an Witzen sowie eine ungarische Frau. Die Portugiesin verabschiedete sich.

»Siehst du das Haus da? Dort habe ich lange gewohnt, als ich hierher kam.«

Sie fuhr ab. Wir warteten weiter auf die Straßenbahn. Die Ungarin fuhr ab. Dann der junge Geschichtenerzähler. Bálint, der mit den Witzen, deutete auf dasselbe Fenster.

»Die Wohnung da hat eine irre Geschichte.«

»Die, wo die Portugiesin gewohnt hat?«

»Genau, Mann. Eine tragische Geschichte, verstehst du?«

»Wie meinst du?«

– Nesse apartamento morou um ator muito famoso, Zóltan. Mas tava envolvido com outras duas pessoas e depois todos se suicidaram.

– Os três?

– Os três, yá. Uma estória complicada, um dia conto-te.

– Ouve lá – perguntei –, tu conheces um tipo alfarrabista, em Lisboa? Um húngaro?

– Sim, claro. Tem o mesmo nome que eu, Bálint. É um tipo fixe também.

– Ele mandou-me uma mensagem, para o telemóvel, antes de eu sair de Lisboa…

– E falou-te no anão?

– Sim. Como é que sabes?

– Ele faz isso. Sempre fala no anão. Bem, vou apanhar este elétrico. O teu é no sentido inverso. Quatro paragens. Até amanhã.

Deviam ser duas da madrugada. Não queria ir para o hotel. Tinha receio, é verdade, de encontrar outro bilhete. Ou de sonhar com o anão.

Caminhei pelas ruas frias de Budapeste. Fui olhar o rio. Plácido, escuríssimo. Um gigantesco urso negro que dormia profundamente. Tive medo que o urso acordasse e me agredisse com a sua pata de água doce.

Cheguei ao hotel quase de manhã. O homem da receção pediu que me identificasse pois não tinha como saber que eu era eu. Por sorte tinha o passaporte comigo. Tomei outro banho. O dia nascia.

Quando desci para matabichar, a prima de Vânia, com idêntico sorriso mas com seios menos voluptuosos, voltou a encontrar-

»In der Wohnung hat einmal ein berühmter Schauspieler gewohnt, Zóltan. Aber da war noch etwas mit noch zwei anderen Leuten, und dann haben sich alle umgebracht.«

»Alle drei?«

»Alle drei, *ya*. Komplizierte Geschichte. Irgendwann mal erzähle ich sie dir.«

»Hör mal«, fragte ich. »Kennst du einen Typen, der Antiquar ist, in Lissabon? Einen Ungarn?«

»Ja, natürlich. Er heißt so wie ich, Bálint. Ein cooler Typ auch.«

»Er hat mir eine Nachricht aufs Handy geschickt, bevor ich aus Lissabon abgereist bin …«

»Hat er dir von dem Zwerg erzählt?«

»Ja, woher weißt du?«

»Das macht er immer. Er redet ständig von diesem Zwerg. Gut, ich muss diese Straßenbahn nehmen. Deine fährt in die andere Richtung. Vier Haltestellen. Bis morgen.«

Es war wohl zwei Uhr nachts. Ich wollte nicht zum Hotel. Ich hatte tatsächlich Angst, noch so eine Nachricht vorzufinden. Oder von dem Zwerg zu träumen.

Ich spazierte durch die kalten Straßen von Budapest. Ging in den Fluss schauen. Ruhig, tiefdunkel. Ein riesiger schwarzer Bär im Tiefschlaf. Ich fürchtete, er könne aufwachen und mich mit seiner Süßwasserpfote angreifen.

Als ich am Hotel ankam, war es fast Morgen. Der Mann an der Rezeption bat mich um meinen Ausweis, weil er nicht feststellen konnte, ob ich tatsächlich ich war. Zum Glück hatte ich meinen Pass dabei. Ich duschte noch einmal. Der Tag erwachte.

Als ich hinunterging, um zu frühstücken, traf ich schon wieder auf Vânias Cousine mit dem gleichen Lächeln aber weniger

-me de bandeja na mão. Outro bilhete: «você tem 24h para partir.»

As coisas complicavam-se. Eu teria mais duas noites em Budapeste. Outra sessão nessa noite e uma visita na tarde do dia seguinte. Liguei à portuguesa para desmarcar a visita. E paguei para alterar o voo.

Reli a mensagem do alfarrabista húngaro de Lisboa. Decidi responder: «o anão foi visto, há poucos dias, vestido de preto. Conduzia um carro. E desapareceu sem que o voltassem a ver. Zoltán, segundo sei, está morto. Ele e mais dois. E recebo ameaças escritas num bilhete trazido numa bandeja. É tudo o que sei.»

Passei o dia com a sensação de estar a ser seguido. Como nos filmes, desconfiava de velhas que sorriam para mim, de homens de óculos escuros e até julguei ver um cego que me perseguia no metro com demasiada rapidez. Na sessão da noite, o jovem que tinha ajudado o anão a empurrar o carro voltou a aparecer.

– Quem é esse anão de Budapeste? – perguntei sem rodeios.

– E eu é que sei?

O jovem parecia levemente embriagado. O que poderia facilitar o interrogatório.

– Há alguma ligação entre a casa de Zóltan e o anão?

– Não sei do que estás a falar.

O meu telefone tocou. Um número de Portugal: «saia de Budapeste assim que puder», dizia o homem num estranho sotaque,

sinnlichen Brüsten, mit einem Tablett in der Hand. Noch eine Nachricht: »Sie haben 24 Stunden, um abzureisen.«

Es begann, schwierig zu werden. Zwei Abende hatte ich noch in Budapest. Eine weitere Lesung am Abend und einen Besuch am Nachmittag des nächsten Tages. Ich rief die Portugiesin an, um den Besuch abzusagen. Und bezahlte, um meinen Flug umzubuchen.

Ich las die Nachricht des ungarischen Antiquars in Lissabon noch einmal. Entschloss mich zu antworten: »Der Zwerg ist gesehen worden, vor ein paar Tagen, schwarz gekleidet. Er fuhr im Auto. Und ist verschwunden, man hat ihn nie wieder gesehen. Zoltán ist, soweit ich weiß, tot. Er und zwei andere. Und ich bekomme Drohungen auf Zetteln, die auf einem Tablett gebracht werden. Mehr weiß ich nicht.«

Ich verbrachte den Tag mit dem Gefühl, verfolgt zu werden. Wie im Film verdächtigte ich alte Frauen, die mich anlächelten, Männer mit Sonnenbrillen und glaubte sogar, einen Blinden zu erkennen, der mir in der Metro zu schnell folgte. Bei der Lesung am Abend war der junge Mann, der dem Zwerg geholfen hatte, sein Auto anzuschieben, wieder da.

»Wer ist dieser Zwerg aus Budapest?«, fragte ich ohne Umschweife.

»Was weiß denn ich.«

Der Junge schien leicht angeheitert. Was die Befragung erleichtern könnte.

»Gibt es eine Verbindung zwischen Zóltans Wohnung und diesem Zwerg?«

»Ich weiß nicht, was du meinst.«

Mein Telefon klingelte. Eine Nummer aus Portugal: »Verlassen Sie Budapest, sobald Sie können«, sagte der Mann mit einem

«você corre perigo.» Era o número do alfarrabista, confirmei depois.

Pedi que me acompanhassem ao hotel. Peguei na mochila e saí. O jovem Bálint sugeriu que deambulássemos pela cidade durante a noite. A jovem de vestido vermelho, agora vestida de preto, insistiu para que eu descansasse na casa dela. Pareceu-me mais justa a segunda sugestão.

– Tens a certeza...? – Bálint semeava em mim um certeiro temor.

Não dormi também nessa noite. Quando a jovem me ofereceu vinho, esperei que ela o provasse primeiro. Dei-lhe também a provar do meu copo. Não havia veneno. Ela sorriu. Ao fazê-lo de modo aberto, ficava ainda mais bela.

– Budapeste é uma cidade misteriosa – dizia com a voz embargada de vinho e doçura.

Já no aeroporto, o jovem Bálint veio ao meu encontro no check in. Tinham-lhe ligado do hotel a dizer que eu me tinha esquecido do passaporte.

– Não pode ser – confirmei no bolso. – Está aqui comigo.

– Eu sei. Era só para me entregarem este bilhete.

– Já o leste?

– Não resisti. Vê.

O mesmo envelope: «diga ao alfarrabista que, se quer encontrar o anão, que venha pessoalmente. Outras nacionalidades não servem.»

– Assustador, meu... – disse Bálint com o seu sotaque lisboeta. – Brutal.

seltsamen Akzent, »Sie sind in Gefahr«. Es war die Nummer des Antiquars, wie ich später feststellte.

Ich bat darum, dass man mich zum Hotel begleitete. Ich nahm meinen Rucksack und ging. Der junge Bálint schlug vor, dass wir die Nacht über durch die Stadt streifen sollten. Das Mädchen mit dem roten Kleid, nun schwarz gekleidet, wollte mich gern bei sich ausruhen lassen. Dieser zweite Vorschlag erschien mir vernünftiger.

»Bist du sicher …?« Bálint säte in mir zielsicher eine Befürchtung.

Ich schlief auch in dieser Nacht nicht. Als die junge Frau mir Wein anbot, wartete ich, bis sie zuerst trank. Ich gab ihr auch von meinem Glas zu probieren. Es war kein Gift darin. Sie lächelte. So offen, wie sie dies tat, war sie noch schöner.

»Budapest ist eine Stadt voller Rätsel«, sagte sie mit einer vom Wein und von Zärtlichkeit trunkenen Stimme.

Später am Flughafen kam der junge Bálint zu mir zum Check-in. Man hatte ihn aus dem Hotel angerufen, dass ich meinen Pass dort vergessen hätte.

»Das stimmt nicht«, ich griff in die Tasche. »Ich habe ihn bei mir.«

»Ich weiß. Es war nur, weil sie mir diese Nachricht hier geben wollten.«

»Hast du sie schon gelesen?«

»Ich konnte es nicht lassen. Lies.«

Der gleiche Umschlag: »Sagen Sie dem Antiquar, wenn er den Zwerg sehen will, soll er selbst kommen. Eine andere Staatsbürgerschaft geht nicht.«

»Beängstigend, Mann …«, sagte Bálint mit seinem Lissaboner Akzent. »Krass.«

Abraço-o. Pergunta discretamente como tinha sido a noite com a jovem de vestido vermelho e depois de vestido preto.

– Budapeste é uma cidade misteriosa – respondo.

– Brutal – ele desata a rir.

Entro no avião. Procuro com o olhar o monge. Poderia a vida criar essa coincidência? Não. Essa não. Mas a hospedeira Vânia aparece com o mesmo sorriso.

– Senhor escritor, vi a sua foto no jornal. Foi tudo bem?

– Sim... Obrigado – digo surpreendido. – Não sei a que jornal se refere.

– Sabe, sim... – na sua voz, um tom de malícia que julgo não entender.

Oferece-me um copo de vinho branco. Olho com desconfiança. Não bebo.

Fecha-se a porta. Pedem para desligar os aparelhos eletrónicos.

Olho pela janela a enorme parede de vidro. Vestido de preto, a passos lentos, com um cordão de metal saliente do bolso, vejo o que julgo ser uma miragem. Um anão com o cabelo claro e as sobrancelhas muito negras sorri de modo discreto. Cola a mão ao vidro como se fosse um adeus.

Tocam-me no ombro. Um susto arrepia-me o corpo mas não me mexo. É o monge. Com um copo de água na mão.

– Não bebeu o seu vinho? Fui eu que o mandei para aqui. Por excesso de passageiros puseram-me em primeira classe.

– Obrigado – digo atordoado e provo o vinho.

Ich umarme ihn. Er fragt mich diskret, wie die Nacht mit der jungen Frau in dem roten, dann schwarzen Kleid gewesen sei.

»Budapest ist eine Stadt voller Rätsel«, antworte ich.

»Krass.« Er lacht los.

Ich steige ins Flugzeug. Mit dem Blick suche ich nach dem Mönch.

Kann das Leben so einen Zufall hervorbringen? Nein. Diesen nicht. Die Stewardess Vânia ist wieder mit demselben Lächeln da.

»Herr Schriftsteller, ich habe Ihr Bild in der Zeitung gesehen. War alles in Ordnung?«

»Ja … Dankeschön«, sage ich überrascht. »Ich weiß nicht, welche Zeitung Sie meinen«

»Doch, das wissen Sie …«, in ihrer Stimme ein Anflug von Spott, den ich nicht zu verstehen glaube.

Sie gibt mir ein Glas Weißwein. Ich schaue sie misstrauisch an. Trinke nicht.

Die Tür wird geschlossen. Es wird gebeten, die elektronischen Geräte auszuschalten.

Ich schaue durchs Fenster auf die riesige Glaswand. Schwarz gekleidet mit langsamen Schritten und einer silbernen Kette aus der Hosentasche sehe ich, was ich für eine Erscheinung halte. Ein Zwerg mit hellen Haaren und sehr dunklen Augenbrauen lächelt diskret. Er presst seine Hand gegen das Glas wie zum Abschied.

Jemand tippt mir auf die Schulter. Ein Schrecken durchfährt meinen Körper, aber ich rühre mich nicht. Es ist der Mönch. Mit einem Glas Wasser in der Hand.

»Trinken Sie Ihren Wein nicht? Ich habe ihn für Sie bestellt. Wegen Überbuchung hat man mich in die erste Klasse getan.«

»Danke«, sage ich überrascht und nippe am Wein.

– Encontrou o que vinha procurar? – pisca-me o olho.
– Não vim à procura de nada – faço uma pausa. – Acho eu.
Ás vezes são as coisas que nos encontram. Ou as pessoas.
Ou as estórias, disse eu.
Mas o monge já não estava ali.

»Haben Sie gefunden, was Sie gesucht haben?«, zwinkert er mir zu.

»Ich war nicht auf der Suche nach etwas«, ich halte kurz inne. »Glaube ich.«

»Manchmal sind es die Dinge, die uns finden. Oder Leute.«

Oder Geschichten, sage ich.

Aber der Mönch war nicht mehr da.

Madrid

– Perdi todo o meu passado.

O homem parecia sério. Fingi que não o entendia. Rápido, olhou para o passaporte na minha mão.

– Angola? Fala português.

E ele também. Tropeçava nos r's e tinha um peculiar modo de exagerar os l's. Mas a gramática era perfeita.

– Vê? não sei de onde, mas aprendi português há muitos anos... Esta é a tristeza de não me lembrar da minha própria vida.

Ensonado, mal dormido, (eu) tinha uma longa espera pela frente. Pensei que ainda fosse possível descansar. Sentado junto à porta de embarque, tinha até posto o alarme para vinte minutos antes do voo.

– O senhor sabe nadar? – ele acordou-me.

– Como?

– O senhor sabe nadar?

– Sei.

– Mas, nada bem?

– Como assim, nadar bem?

– Nadar muito bem. O suficiente para se salvar.

– Salvar-me de quê?

– Da morte. No caso de o avião cair.

Deu-me vontade de rir. Nadar bem, dizia ele. «No caso de o avião cair mesmo!»

Madrid

»Ich habe meine Vergangenheit komplett verpasst.«

Der Mann schien es ernst zu meinen. Ich gab vor, ihn nicht zu verstehen. Kurz schaute er auf den Pass in meiner Hand.

»Angola? Sie sprechen Portugiesisch.«

Er auch. Zwar stolperte er über die R's und hatte eine besondere Art, die L's zu betonen, aber seine Grammatik war tadellos.

»Sehen Sie? Ich weiß nicht mehr wo, aber ich habe schon vor vielen Jahren Portugiesisch gelernt … Das ist das Traurige daran, dass ich mich nicht an mein eigenes Leben erinnere.«

Müde, schlecht ausgeschlafen, hatte ich noch eine lange Wartezeit vor mir. Ich hatte gedacht, dass ich noch etwas ausruhen könnte. Vor dem Abflugschalter sitzend hatte ich mir sogar den Wecker auf zwanzig Minuten vor Abflug gestellt.

»Können Sie schwimmen?«, weckte er mich.

»Wie bitte?«

»Können Sie schwimmen?«

»Kann ich.«

»Aber können Sie gut schwimmen?«

»Wie meinen Sie, gut schwimmen?«

»Richtig gut schwimmen. Gut genug, um sich retten zu können.«

»Vor was denn retten?«

»Vorm Tod. Falls das Flugzeug abstürzt.«

Ich wollte loslachen. Gut schwimmen, sagte er. »Falls das Flugzeug tatsächlich abstürzt!«

– Não sei se após uma queda valerá a pena saber nadar...

– Acha que não? – ele parecia interessado.

– Não é prioritário...

– E um para-quedas?

– Não se preocupe com isso – tentei voltar a fechar os olhos.

Mas o homem insistia. Calmamente nervoso.

– Mas sabe nadar?

– Sei.

– O suficiente?

– O suficiente, sim – disse para resolver a conversa.

De olhos fechados, eu pretendia que o homem se calasse.

– Faça-me companhia... – na voz, uma súplica sincera.

Abri os olhos. Vi-o. Tinha além de quarenta e nove anos mas não mais de cinquenta e sete. Os olhos eram os de um adolescente amedrontado.

– Pode fechar os olhos – disse com doçura –, mas faça-me companhia.

Não sabia o que fazer. Pensei em desviar o tema da conversa.

– O senhor começou por me dizer que perdeu o seu passado, entendi bem?

– Entendeu bem, sim. Veja, não é a falta de uma lembrança. É como se eu soubesse tudo o que houve, mas não pudesse pegar nos detalhes.

– Sabe para onde vai agora? O seu voo?

– Sei. Mas não lhe posso revelar isso.

– Entendo.

»Ich weiß nicht, ob es sich nach einem Absturz noch lohnt, schwimmen zu können …«

»Glauben Sie nicht?“, er wirkte neugierig.

»Es ist nicht das Wichtigste …«

»Und ein Fallschirm?«

»Machen Sie sich deswegen keine Sorgen.« Ich versuchte, wieder die Augen zu schließen.

Aber der Mann fuhr fort. Auf gelassene Weise nervös.

»Aber können Sie schwimmen?«

»Kann ich.«

»Genügend?«

»Gut genug, ja«, sagte ich, um das Gespräch zu beenden.

Mit geschlossenen Augen hoffte ich, dass der Mann endlich Ruhe gab.

»Leisten Sie mir Gesellschaft …« In seiner Stimme lag ein aufrichtiges Flehen.

Ich öffnete die Augen wieder. Und sah ihn. Er war jenseits der neunundvierzig, aber nicht älter als siebenundfünfzig. Er hatte die Augen eines verängstigten Jugendlichen.

»Sie können die Augen ruhig zumachen«, sagte er freundlich. »Aber leisten Sie mir Gesellschaft.«

Ich wusste nicht, was ich tun sollte. Ich überlegte, das Thema zu wechseln.

»Sie wollten mir sagen, dass Sie ihre Vergangenheit verpasst haben, habe ich Sie da richtig verstanden?«

»Das haben Sie richtig verstanden, ja. Aber es fehlt nicht an Erinnerung. Eher ist es, als wüsste ich alles, was war, nur die Einzelheiten sind nicht zu greifen.«

»Wissen Sie denn jetzt wohin? Wohin Ihr Flug geht?«

»Das weiß ich. Aber ich kann es Ihnen nicht sagen.«

»Verstehe.«

– O passado de que falo é algo mais profundo do que isso. Isto é, para dizer a verdade: lembro-me melhor do futuro.

Olhei para as suas mãos. Não tremiam. Nem os lábios. Não suava. Não havia sinais de álcool no tom de voz. E, com a exceção do olhar, parecia sereno.

– O senhor lembra-se do futuro?

– De mais.

– O senhor espreitou o seu futuro de hoje? Sabia que me ia encontrar aqui?

– Desconfiava. Encontro pessoas que são como espelhos.

– Espelhos?

– Você pode contar-me mil estórias. Elas não chegam até mim. Mas você vai refletir as coisas que eu digo. É um espelho. Devolve-me as coisas e assim me encho de coisas. Amanhã, começo a esquecer.

– Que outros futuros o senhor lembrou?

– Há algo estranho com este voo. Estou-me a preparar para não embarcar – preveniu-me.

– No «nosso» voo?

– No «seu». Eu não devo ir... Aliás, acabo de decidir: não vou mesmo.

O seu olhar mudou. As pernas relaxaram, o homem agora poderia ser descrito como alguém de muito boa-disposição.

– E você? – perguntou, curioso, divertido.

– Eu, o quê?

– Vai nesse voo?

– Eu não sei espreitar futuros. E tenho outro voo depois de amanhã.

»Die Vergangenheit, die ich meine, ist tiefer. Also, um ehrlich zu sein: An die Zukunft kann ich mich besser erinnern.«

Ich schaute auf seine Hände. Sie zitterten nicht. Auch nicht seine Lippen. Er schwitzte nicht. Es gab keinen Hinweis auf Alkohol in seiner Tonlage. Und von seinem Blick abgesehen erschien er mir ruhig.

»Sie können sich an die Zukunft erinnern?«

»Allzu gut.«

»Haben Sie schon einen Blick auf Ihre Zukunft von heute geworfen? Wussten Sie, dass Sie mich hier treffen würden?«

»Ich hatte so eine Ahnung. Ich finde Leute, die wie Spiegel sind.«

»Spiegel?«

»Sie können mir tausend Geschichten erzählen. Die kommen bei mir nicht an. Aber das was ich sage, geben Sie wieder. Sie sind ein Spiegel. Sie geben mir Dinge zurück, und das erfüllt mich. Morgen beginne ich zu vergessen.«

»An welche Zukunft haben Sie sich noch erinnert?«

»Etwas stimmt nicht mit diesem Flug. Ich bereite mich darauf vor, nicht einzusteigen«, warnte er mich.

»Unser Flug?«

»Ihr Flug. Ich werde wohl nicht fliegen … Also, ich habe gerade beschlossen: Ich fliege nicht.«

Sein Blick veränderte sich. Seine Beine entspannten sich, nun hätte man den Mann als jemanden mit sehr guter Laune beschreiben können.

»Und Sie?«, fragte er neugierig, heiter.

»Ich was?«

»Nehmen Sie diesen Flug?«

»Ich kann nicht in die Zukunft sehen. Und übermorgen habe ich schon den nächsten Flug.«

– Você não irá neste voo de hoje... – sorriu com uma certeza mórbida que me incomodou.

– Vamos ver – olhei para o relógio. Faltava quase pouco.

– Você sabe... Que a hora mudou. Ontem!

– Mudou?! – olhei para o ecrã com as informações dos voos.

A porta que eu julgava ser a minha estava vazia. Quase ninguém por perto. Levantei-me para ler melhor. O meu voo tinha partido há mais de uma hora.

– Agora sim – o homem sorriu –, você vai descansar em paz. Deite-se. Já não há nada a fazer.

– Caramba... E agora?

– Você apanha um outro voo. Eu digo-lhe: não tinha um bom pressentimento quanto a este voo.

– Não me desloco em função de pressentimentos, meu senhor. Tinha coisas marcadas para amanhã.

– Então você desloca-se em função de quê?

A pergunta era difícil. Bem colocada.

Deu-me vontade de rir. Será que eu já tinha mesmo perdido o voo antes de ele me abordar? Este homem, de facto, espreitava futuros? Senti-me o tal espelho. Eu não estava ali por mim, mas apenas para que ele se pudesse refletir na conversa.

– O que acontece se você fizer força, muita força para se lembrar do seu passado? E se olhar para uma fotografia?

– Só recordo coisas distorcidas. São memórias de outros. Mesmo estas conversas em reflexo chegam-me já diferentes. Lembra-se do que lhe disse?

– Que perdeu o passado.

»Den Flug heute werden Sie nicht nehmen …«, lächelte er mit einer morbiden Gewissheit, die mich verunsicherte.

»Schauen wir mal.« Ich sah auf die Uhr. Es war fast soweit.

»Sie wissen … Dass gestern die Zeit umgestellt wurde!«

»Umgestellt?!« Ich schaute auf den Bildschirm mit den Fluginformationen.

Das Gate, von dem ich glaubte, es sei meins, war leer. Fast niemand in der Nähe. Ich stand auf, um besser lesen zu können. Mein Flug war vor mehr als einer Stunde gegangen.

»Jetzt«, lächelte der Mann, »werden Sie in Frieden ausruhen können. Legen Sie sich hin. Sie können nichts mehr tun.«

»Verdammt … Und was jetzt?«

»Nehmen Sie einen anderen Flug. Ich sage Ihnen: Ich hatte bei diesem Flug hier kein gutes Gefühl.«

»Ich lasse mich nicht von Gefühlen leiten, mein Herr. Ich hatte morgen Termine.«

»Von was sonst lassen Sie sich leiten?«

Eine schwierige Frage. Gut gestellt.

Ich musste lachen. Hatte ich meinen Flug tatsächlich schon verpasst gehabt, als er mich ansprach? Konnte der Mann wirklich in die Zukunft sehen? Ich kam mir vor wie besagter Spiegel. Ich war da nicht für mich selbst, sondern nur, damit er sich in dem Gespräch mit mir spiegelte.

»Was passiert, wenn Sie sich Mühe geben, wirklich Mühe geben, um sich an Ihre Vergangenheit zu erinnern? Wenn Sie sich ein Foto anschauen?«

»Ich erinnere mich nur noch verdreht. Es sind Erinnerungen von anderen. Sogar diese Spiegelgespräche kommen bei mir anders an. Wissen Sie noch, was ich gesagt habe?«

»Dass Sie die Vergangenheit verpasst haben.«

– Que perdi o «meu» passado... – levantou-se, apertou-me a mão. – O próximo voo parte daqui a sete horas, se não quiser seguir só amanhã. Vá. Não tenho nenhum pressentimento quanto a esse voo. Mas acerte o relógio.

– Obrigado...

– E... de vez em quando... deixe-se guiar por um pressentimento.

– E se for algo errado?

– Não se engane, meu caro – ele afastou-se devagar.

– Não existem pressentimentos errados.

No chão avermelhado, vi o envelope. Quis chama-lo, mas não o vi. Abri. Era uma fotografia: de costas, duas pessoas sentadas. Um deles poderia bem ser ele. Ao fundo, um espelho e um relógio com uma hora totalmente diferente.

O outro parecia, talvez, alguém que fosse eu.

»Dass ich ›meine‹ Vergangenheit verpasst habe …« Er stand auf und gab mir die Hand. »Der nächste Flug geht in sieben Stunden, wenn Sie nicht erst morgen früh fliegen wollen. Fliegen Sie. Was diesen Flug angeht, habe ich keinerlei Vorahnung. Aber stellen Sie Ihre Uhr.«

»Danke …«

»Und … lassen Sie sich manchmal von einer Vorahnung leiten.«

»Und wenn sie falsch ist?«

»Täuschen Sie sich nicht, mein Lieber.« Er ging langsam davon. »Es gibt keine falschen Vorahnungen.«

Auf dem roten Boden entdeckte ich einen Umschlag. Ich wollte den Mann zurückrufen, aber ich sah ihn nicht mehr. Ich machte den Umschlag auf. Eine Fotografie. Zwei sitzende Leute von hinten.

Eine davon konnte er sein. Im Hintergrund ein Spiegel und eine Uhr, die eine völlig andere Zeit anzeigte.

Der andere sah vielleicht aus wie einer, der ich hätte sein können.

Giurgiu

O prédio estava tomado por polícias e curiosos. Chegado ao apartamento que me foi atribuído, não pude entrar. Quando consegui passar, um detetive mostrou-se particularmente interessado em saber quem eu era. E ao que vinha.

Aparentemente, o «próximo» hóspede tinha falecido em circunstâncias pouco claras.

– Mas o próximo hóspede, sou eu – afirmei.

– Você parece-me bem vivo. Alguém morreu no seu lugar... Então? – o detetive olhava para mim.

– Então o quê?

– Quem é você? O que faz aqui?

– Quem sou... Em que sentido?

– O que faz?

– Sou escritor.

– Isso, de todo o modo, é a sua ocupação. Não é quem você é.

– Tem razão.

– Sente-se.

Agradeci. Senti-me um intruso. Não sabia o que fazer, nem o que tinha sucedido ao hóspede prévio. Falavam todos em romeno. E isso, curiosamente, criava um espaço enorme ao redor de mim. Porque, sem entendê-los, tudo ali me parecia arejado; amplo.

Retiraram o corpo. Peguei num cigarro, cruzei o olhar com o detetive, ele acenou afirmativamente. Lá fora, o frio. Uma minúscula multidão. E a mulher.

Giurgiu

Das Haus war voller Polizei und Neugieriger. Angelangt bei der Wohnung, die man mir zugedacht hatte, kam ich nicht hinein. Als es mir gelang, durchzukommen, zeigte sich ein Beamter besonders daran interessiert zu erfahren, wer ich denn sei. Und was ich vorhatte.

Anscheinend war der »nächste« Gast unter unklaren Umständen ums Leben gekommen.

»Aber ich bin der nächste Gast«, sagte ich.

»Sie scheinen mir sehr lebendig zu sein. Jemand ist an Ihrer Stelle gestorben … Also?« Der Beamte schaute mich an.

»Also was?«

»Wer sind Sie? Was tun Sie hier?«

»Wer ich bin … Inwiefern?«

»Was Sie tun.«

»Ich bin Schriftsteller.«

»Das ist Ihre Beschäftigung. Nicht wer Sie sind.«

»Sie haben recht.«

»Setzen Sie sich.«

Ich dankte. Ich kam mir vor wie ein Eindringling. Ich wusste nicht, was ich tun sollte, noch was dem vorigen Gast zugestoßen war. Alle sprachen Rumänisch. Und das schuf kurioserweise viel Raum um mich herum. Weil ich sie nicht verstand, kam mir alles dort luftig vor, weit.

Sie trugen die Leiche hinaus. Ich nahm eine Zigarette, begegnete dem Blick des Ermittlers, er winkte zustimmend. Draußen die Kälte. Eine winzige Menschenmenge. Und die Frau.

– A polícia levou o corpo? – perguntou em inglês.

– Parece-me que sim.

– Foi do 244?

– Sim.

– E você vai para que apartamento?

– Para o 244.

– Não faça isso. Venha comigo.

Afastamo-nos sem que ninguém desse conta disso. Em verdade, tentei pensar que não estava a fugir, embora sentisse pelo suor as urgências de um fugitivo. A mulher fez-me entrar no seu prédio por uma entrada lateral.

Por um breve instante, hesitei. Fingi ter algo preso no pé e parei para o limpar. Mas era um pensamento o que me detinha: por um brevíssimo instante quis acreditar que aquela mulher tinha por missão matar todos os ocupantes do quarto 244.

Como a polícia se encontrava ali, e ela sabendo que era suposto eu ter ocupado o quarto, tinha por missão liquidar-me mesmo que fora do perímetro habitual. Juro que foi algo no canto da boca dela que me dissipou o medo. O reconhecimento de algo meu, algum movimento mínimo que me era familiar, se é que não era mesmo meu.

– Entre. Quero mostrar-lhe o meu labirinto.

Subimos três andares do que parecia ser um prédio desocupado e escuro. As luzes, mesmo acesas, imitavam sempre uma branda escuridão. O meu telefone tocou.

– Não atenda agora. Desligue isso.

Obedeci, mais ao destino do que a ela. Entrámos num espaço quase amplo devido à ausência de móveis. Duas cadeiras, uma

»Hat die Polizei die Leiche weggeschafft?«, fragte sie mich auf Englisch.«

»Ich glaube ja.«

»Aus 244?«

»Ja.«

»Und in welche Wohnung gehen Sie?«

»In die 244.«

»Tun Sie das nicht. Kommen Sie mit.«

Wir gingen, ohne dass jemand Notiz davon nahm. In Wahrheit versuchte ich, es nicht für eine Flucht zu halten, auch wenn ich an meinem Schwitzen die Not eines Flüchtenden spürte. Die Frau ließ mich durch einen Seiteneingang in ihr Haus.

Für einen kurzen Moment zögerte ich. Tat so, als hätte ich etwas am Fuß und blieb stehen, um es abzuputzen. Aber es war ein Gedanke, der mich zurückhielt: Für einen winzigen Augenblick wollte ich glauben, dass es die Aufgabe dieser Frau war, alle Bewohner von Zimmer 244 zu töten.

Da die Polizei da war und sie wusste, dass ich in dieses Zimmer hätte ziehen sollen, hatte sie nun die Aufgabe, mich auch außerhalb des Üblichen zu beseitigen. Ich schwöre, sie hatte einen Zug um den Mund, der meine Angst verfliegen ließ. Etwas von mir, das ich wiedererkannte, eine winzige Regung, die mir vertraut war, auch wenn sie nicht wirklich von mir war.

»Treten Sie ein. Ich zeige Ihnen mein Labyrinth.«

Wir gingen drei Stockwerke hoch durch etwas, das wie ein leeres, dunkles Gebäude wirkte. Die Lichter gaben, auch wenn sie brannten, nur schwache Dunkelheit wieder. Mein Telefon klingelte.

»Gehen Sie jetzt nicht ran. Schalten Sie das aus.«

Ich gehorchte, mehr dem Schicksal als ihr. Wir betraten einen

mesa, uma carpete, e os cortinados compridos, semitransparentes. A luz acesa tinha o mesmo vício que as outras do corredor e desistia de iluminar o quanto o espaço requeria.

– Venha ver. Venha.

Afastou ligeiramente a cortina e, daquela janela, via-se um pequeno pedaço da rua. Alguns apartamentos, algumas janelas.

– Daqui não se pode ler quase nada. Mas o meu posto de observação é mais em cima.

Numa outra divisão, quase invisível, uma escada em caracol conduzia ao andar superior. Subimos.

Era um habitáculo ainda mais vazio, outra carpete no chão e nada mais. Mas o espaço estava munido da respetiva escuridão e de oito janelas amplas. Todas com cortinados leves.

Parecia, é verdade, o centro do mundo.

– Daqui posso ler toda a gente do bairro.

– O que quer dizer com ler?

– Leio a vida dos outros.

– Quer dizer, espreitar, observar?

– Não. Quero dizer o que disse: eu leio vidas. E lábios também.

A mulher pôs-se à janela. Apontou discretamente uma jovem que claramente falava com alguém.

E os lábios da mulher tremiam, como se falasse pela jovem. Fez-me o ditado: «não sei o que fazer... sei o que estava combinado... mas mudei de ideias. era apenas isso que te queria dizer.»

durch das Fehlen von Möbeln fast weiten Raum. Zwei Stühle, ein Tisch, ein Teppich und lange, halb durchsichtige Vorhänge. Das Licht hatte dieselbe schlechte Angewohnheit der Lichter im Flur und weigerte sich, den Raum, wie es nötig gewesen wäre, zu beleuchten.

»Schauen Sie sich das an. Kommen Sie.«

Sie schob leicht den Vorhang zur Seite, und durch das Fenster war ein Stück Straße zu sehen. Ein paar Wohnungen, ein paar Fenster.

»Von hier aus lässt sich fast nichts lesen. Mein Beobachtungsposten ist weiter oben.«

Von einem anderen Zimmer aus führte, fast unsichtbar, eine Wendeltreppe ins Stockwerk darüber. Wir gingen hinauf.

Die Kammer war noch leerer, wieder ein Teppich auf dem Boden, sonst nichts. Aber der Raum war mit der entsprechenden Dunkelheit ausgestattet und mit acht großen Fenstern. Alle mit leichten Gardinen.

Es wirkte tatsächlich wie die Mitte der Welt.

»Von hier aus kann ich alle Leute im Viertel lesen.«

»Was meinen Sie mit ›lesen‹?«

»Ich lese das Leben der anderen.«

»Sie meinen schauen, beobachten?«

»Nein. Ich meine, was ich gesagt habe: Ich kann Leben lesen. Und Lippen auch.«

Die Frau stellte sich ans Fenster. Sie deutete unauffällig auf eine junge Frau, die offensichtlich mit jemandem redete. Und ihre Lippen zitterten, als spräche sie für die junge Frau. Sie diktierte mir: »ich weiß nicht, was ich machen soll … weiß, was vereinbart war … aber ich habe es mir anders überlegt. das war es, was ich dir sagen wollte.«

Olha para mim. Sorri com a intensidade de uma criança em posse de algum truque de magia.

– Conheço-os. Um jovem casal. Falam nisso há dois anos. Ele gosta muito dela mas não quer ter filhos.

– E agora?

– Agora vão ter. As mulheres é que mandam no mundo. Não sabia?

Vai até outra janela. Observa, foca com o olhar, e volta ao ditado: «mas agora temos dinheiro, podíamos viajar... há quanto tempo não saímos daqui?... perigo? que perigo? não deve ter sido nada, a polícia pode estar ali por uma questão de rotina. Viajar, sim...» Olha para mim, deixa de tremer os lábios.

– Um casal de velhos. Estão cheios de dinheiro.

Ela quer viajar.

A mulher senta-se no centro do pequeno quarto. Espera que eu me aproxime. Toca a minha mão.

– O senhor, o que faz?

– Escrevo.

– Cartas?

– Estórias.

– Foi o que pensei. Deixe-me dizer-lhe duas coisas: uma, você está enganado. Não deveria estar aqui. Outra, quando partir, mande-me o seu endereço. Eu sei o que poderá ter acontecido ao homem do 244.

O susto voltou ao meu corpo. Larguei a mão da mulher.

– Se sabe, devia dizer à polícia.

– A polícia não tem nada a ver com isso. Há estórias que ficam melhor nos livros. Agora vá.

Deixou-se estar sentada. Desci as escadas em caracol e tive di-

Sie schaut mich an. Ich lächele eindringlich wie ein Kind, das einen Zaubertrick kennt.

»Ich kenne sie. Ein junges Paar. Sie sprechen schon seit zwei Jahren darüber. Er mag sie sehr, will aber keine Kinder.

»Und jetzt?«

»Jetzt bekommen sie welche. Die Frauen haben auf der Welt das Sagen. Wussten Sie nicht?«

Sie geht an ein anderes Fenster. Beobachtet, schärft den Blick und diktiert weiter: »aber jetzt haben wir Geld, können verreisen … wie lange schon sind wir hier nicht mehr rausgekommen? … Gefahr? welche Gefahr? es wird nichts gewesen sein, die Polizei wird da aus reiner Routine sein. Ja, verreisen …« Sie schaut mich an, ihre Lippen zittern nicht mehr.

»Ein altes Paar. Sie haben Unmengen Geld. Sie will verreisen.«

Die Frau setzt sich in die Mitte des kleinen Zimmers. Wartet darauf, dass ich näherkomme. Sie berührt mich an der Hand.«

»Und was tun Sie?«

»Ich schreibe.«

»Briefe?«

»Geschichten.«

»Das habe ich mir gedacht. Lassen Sie mich Ihnen zwei Dinge sagen: Zum einen, Sie täuschen sich. Sie sollten nicht hier sein. Und, wenn Sie weggehen, schicken Sie mir Ihre Adresse. Ich weiß, was dem Mann aus 244 zugestoßen sein kann.«

Mir fuhr wieder der Schreck in die Glieder. Ich ließ ihre Hand los.

»Wenn Sie es wissen, sollten Sie es der Polizei sagen.

»Die Polizei hat damit nichts zu tun. Es gibt Geschichten, die machen sich besser in Büchern. Gehen Sie jetzt.«

Sie blieb sitzen. Ich ging die Wendeltreppe hinab und hatte

ficuldade para encontrar a porta de saída. Lá fora, começava um certo frio.

Liguei o telefone. Tinha já uma mensagem: *«enganei-me no endereco, desculpa. A rua está certa, o número também. Mas não é Giurgiu a cidade.»*

Lá em cima, na janela, a mulher lia os meus lábios. Fez-me adeus, apontou para o lado da rua onde eu não me cruzaria mais com a polícia. Apanhei o último comboio para Bucareste.

Na viagem, pensei nesse meu movimento apagado dos lábios. Assim como ela, eu fazia isso ao escrever. Como se lesse o pensamento de alguém, como se falasse por alguém.

Anos mais tarde, receberia a única carta de Giurgiu que alguém me poderia enviar. Era ela: a mulher que lia a vida dos outros. Do lado de fora, em letras minúsculas, dizia assim: «abra-a quando estiver preparado.»

Li a frase inúmeras vezes, os lábios tremendo devagar como se a voz da escrita fosse minha.

Ainda hoje não sei quando a poderei abrir.

Probleme, den Ausgang zu finden. Draußen fing es an, kalt zu werden.

Ich schaltete mein Telefon ein. Es war eine Nachricht gekommen: *»Ich habe mich in der Adresse geirrt, Verzeihung. Die Straße stimmt, die Hausnummer auch. Aber die Stadt ist nicht Giurgiu.«*

Da oben vom Fenster aus konnte die Frau meine Lippen lesen. Sie winkte mir zu, deutete auf die Straßenseite, auf der ich der Polizei nicht mehr begegnen würde. Ich nahm den letzten Zug nach Bukarest.

Auf der Fahrt dachte ich an meine stummen Lippenbewegungen. Wie die Frau machte ich das beim Schreiben so. Als würde ich die Gedanken von jemandem lesen, würde für jemand anderes sprechen.

Jahre später sollte ich den einzigen Brief aus Giurgiu bekommen, den jemand mir je hätte schicken können. Von ihr: der Frau, die das Leben der anderen las. Außen stand in winziger Schrift: »Machen Sie ihn auf, wenn Sie bereit dafür sind.«

Ich las den Satz unzählige Male, mit langsam zitternden Lippen, als sei die Stimme der Schrift meine.

Ich weiß immer noch nicht, wann ich ihn öffnen kann.

Gorée

venho dizer destas ruas que o sol aperta, e as sombras e os panos e as tranças nas meninas que passam – crianças que olham o mar com a simplicidade das pedras, aqui onde todas as varandas penduram ausências de gentes por regressar.

os pássaros voam parados, suspensos e próximos, dando sombra às árvores e graça ao céu azul. vejo telhados sobre as pedras e pedras sobre a ilha, mas o chão respira uma frescura humana, os panos vestem as pessoas e as pessoas buscam negócios de regateio. chega um barco cheio de palavras caladas – em gorée há só o som das árvores e das gentes. mais tarde a noite dará voz às sombras, as sombras serão calmaria e escuridão. as árvores beijarão os pássaros. os dedos hão de alcançar um torpor de mansidão. era de tarde ainda e um cabrito declamava o seu mé poético. talvez em seu voo sonoro ele cantasse a ilha, talvez buscasse pontes para o outro lado de todas as águas. dentro do cabrito uma rã despertou, e ele – lento, moroso, adormecido – esvaiu-se nos caminhos do vento, com estórias de desafio à racionalidade, vendendo destinos a quem soubesse escuta-lo. sinto-o ir, mas ao vento não.

longe soa o apito de partida, mais que a gente que parte é a gente que fica – entre festa, alarido e contemplação, quem vai

Gorée

ich will von den Straßen erzählen unter der drückenden Sonne und von den Schatten und Tüchern und Zöpfen der Mädchen, die vorüberziehen – Kinder, die schlicht wie die Steine aufs Meer schauen, hier, wo von allen Balkonen die Abwesenheit derer hängt, die noch nicht wiedergekommen sind.

regungslos fliegen die Vögel, schwebend und nah, geben den Bäumen Schatten und Anmut dem blauen Himmel, ich sehe Dächer über den Steinen und Steine über der Insel, vom Boden aus strahlt allerdings eine menschliche Kühle, die Tücher bekleiden Personen, und die Personen sind auf Geschäfte und Handel aus. es kommt ein Boot voll mit schweigenden Worten – in Gorée ist nur das Klingen der Bäume und Leute. später wird die Nacht den Schatten Stimme verleihen, die Schatten werden die Flaute und Dunkelheit sein. Bäume werden die Vögel küssen. Finger werden zu sanfter Erstarrung kommen. es war noch Nachmittag, und eine junge Ziege sagte ihr poetisches Meckern auf. besang womöglich die Insel in ihrem klingenden Flug, vielleicht suchte sie Brücken auf die andere Seite allen Wassers. in der jungen Ziege erwachte ein Frosch und verflüchtigte sich – langsam, zögerlich, schläfrig – über die Wege des Winds mit Geschichten, die jede Vernunft strapazieren, Geschicke verkaufen an jene, die sie zu hören imstande sind. ich spüre ihn wehen, den Wind aber nicht.

fern klingt die Sirene zum Aufbruch, mehr als die Leute, die aufbrechen, sind Leute, die bleiben – inmitten von Feiern, Trubel

olha para a terra, quem fica tem saudade do mar. o apito de partida é o sinal de chegada àqueles que decidiram ficar.

é de tarde ainda e quase noite: são os pássaros que o dizem. no céu não existem lágrimas; chegou a lua; as árvores adormeceram e sinto no ar, nos restos desta tarde senegalesa, um arfar de madeiras. não vejo canoas, sinto apenas a sua dança, um embalar de braços e ondulações, uma cantoria de remos, um poema molhado no sal.

quero a lua sobre a mesa – junto ao peixe, ao molho, ao arroz que devolve à minha refeição o branco do luar. quero conchas rumando ao meu quarto vazio, quero lençóis plenos de uma maresia fresca – para que a noite resulte e, depois dela, nas frestas do meu lençol branco, a madrugada possa vir sorrateira aprisionar-se em mim.

quero um grilo calado, um pirilampo em sereno apagamento. vozes para voos rasantes, ou uma luz negra que, sem acordar, acabasse por adormecer.

eu vi sol no cais e as ondas divagantes colorindo o mar de manchas brancas; de noite ouvi vozes que não de grilos, talvez peixes voadores talvez pássaros notívagos e hoje, pela manhã, vi o sol no mar e as ondas no meu olhar. uma saudade amarela abateuse sobre mim e eu ri – porque era cedo e porque as nuvens não tinham chegado ainda. havia um anzol no meu sorriso.

und Kontemplation; wer geht, schaut zum Land zurück, wer bleibt, sehnt sich nach dem Meer. die Sirene zum Aufbruch ist Zeichen der Ankunft für diejenigen, die zu bleiben entschlossen sind.

es ist Nachmittag und fast Abend: die Vögel sind es, die es sagen. am Himmel sind keine Tränen; der Mond kommt; die Bäume sind eingeschlafen und ich spüre in der Luft, den Überresten des senegalesischen Nachmittags, ein Schnaufen von Holz. sehe keine Boote, spüre ihr Tanzen nur, Wiegen von Armen und Wellenbewegungen, Singen der Paddel, im Salz ein durchnässtes Gedicht.

ich will den Mond auf dem Tisch – mit Fisch, Soße, Reis, der meiner Mahlzeit das Weiß des Mondes wiedergibt. will Muscheln unterwegs in mein leeres Zimmer, will Laken erfüllt von frischer Meeresluft – damit die Nacht sich erfüllt und nach ihr, in den Falten meines weißen Lakens, der Morgen kommen und sich unbemerkt meiner bemächtigen kann.

will eine schweigende Grille, ein Glühwürmchen seelenruhig erloschen. Stimmen für rasende Flüge oder ein schwarzes Licht, das schließlich ohne zu erwachen schläft.

ich sah Sonne an der Kaimauer und die wogenden Wellen das Meer mit weißen Flecken bemalen; nachts hörte ich Stimmen, nicht von Grillen, vielleicht von fliegenden Fischen, vielleicht von Nachtvögeln, und heute dann gegen Morgen sah ich die Sonne im Meer und die Wellen in meinen Augen. ein gelbes Sehnen stürzte sich über mich und ich lachte – weil es so früh war und weil die Wolken noch nicht gekommen waren. ein Angelhaken lag in meinem Lächeln.

vi os homens perto do cais e as ondas por trás e os imbondeiros perto das crianças que esquivam as pedras de sorriso aberto. insistências a que a contemplação obriga e a mão sugere – lá longe repousa dakar, os seus bares noturnos, as suas moças belas e decadentes – flores amurchadas em sombras, luas que não foram crescentes. em gorée uma luz invade o dia e a ilha se torna magicamente calada. aqui os pássaros pousam e são as árvores que voam. as crianças sentam-se e são as pedras que brincam. o mar termina na praia. as ondas invadem as escadas, as casas, as camas.

doce ilha – aqui no cais repouso os olhos no horizonte e dou-lhes ternura para que embalados possam acordar.

de noite, em gorée, as luzes acordam no cais e nestas vielas as árvores buscam adormecimento.

um homem artista, dono de figuras esguias, partilha um pouco do seu espaço comigo – oferece a porta destrancada de casa e com um isqueiro guia-me entre as paredes da sua imaginação. tem memórias penduradas e uma esposa que chega depois, tem calos nas paredes e calor nas mãos, abandona o isqueiro e deixa o vento declamar em seu lugar. fala-me de heranças a que a ilha convida e incita-me a escrever. pede-me um saco de presente e despede-se assim: entre angola e senegal há apenas a distância de um sopro leve.

cheira a liamba doce nestas vielas.

sah die Männer beim Kai und dahinter Wellen und Baobabbäume bei den Kindern, die mit offenem Lächeln den Steinen ausweichen. Beharrlichkeiten, zu denen die Kontemplation zwingt, die die Hand empfiehlt – fern ruht Dakar mit seinen nächtlichen Bars, seinen schönen, verkommenen Mädchen – Blumen zu Schatten verwelkt, Monde, die nicht mehr zunehmen. in Gorée dringt ein Licht in den Tag, und die Insel wird magisch leise. hier ruhen die Vögel, und es sind die Bäume, die fliegen. Kinder setzen sich, es sind die Steine, die spielen. das Meer endet am Strand. Wellen dringen über die Treppenstufen, die Häuser, die Betten.

sanfte Insel – hier am Kai lasse ich meine Augen auf dem Horizont ruhen und gebe ihnen die Zärtlichkeit, die sie in Ruhe aufwachen lässt.

abends in Gorée wachen die Lichter am Kai auf, und in diesen Gassen versuchen die Bäume zu schlafen.

ein Mann, der Künstler ist, Herr schlanker Figuren, teilt etwas von seinem Raum mit mir – hält mir die offene Tür seines Hauses auf und geleitet mich mit einem Feuerzeug zwischen den Wänden seiner Vorstellungskraft hindurch. er hat dort Erinnerungen aufgereiht und eine Frau, die dann auftaucht, hat Schwielen an den Wänden und an den Händen Wärme, lässt das Feuerzeug los und an dessen Stelle den Wind reden. erzählt mir von Überlieferung und, dass die Insel mich einlädt, und anregt zu schreiben. er bittet mich, ihm eine Tüte zu schenken und verabschiedet sich so: zwischen Angola und Senegal liegt nur die Entfernung eines leisen Hauchs.

es duftet nach süßem Gras in den Gassen.

quero as águas calmas e as flores vindas da praia e chegadas à minha mesa. uma embarcação solitária brinca de baloiço fintando as ondas, aguenta firme a sua quietude, quer chegar antes de partir e, simulando avançar, brinca, brinca, sem sair do lugar.

e tu, âncora, estarás triste no fundo deste mar?

na minha varanda ouço o mar. o passarinho provoca as ondas, as pedras beijam a água. quero só esta visão de sonho repousado no meu olhar. olho o limo das pedras e a poeira dos galhos – eu sou apenas o que vai desta margem à berma daquele cais.

se eu tivesse pés de ficar e a minha vida não fosse em outros lugares, aceitaria uma vida aqui, plena de sobejares, pano vermelho enrolado ao pescoço, destino incerto, pedras, gatos, paz e o mar tão perto.

que brandura, que tranquilidade...

oiço o barco. para lá das ruas e das sombras, espera-me o cais de partida e o mar.

gorée: tanta água te cerca, tanta água te acolhe; tenho o teu corpo na minha voz, celebro e canto – com estrelas brotando em mim –, brinco e me afogo na despedida: com pés de gato, unhas de pedra e pele de pássaro, devolvo-me ao mar molhado mas parto com o coração em chamas.

ich will das ruhige Wasser und die Blumen vom Strand, die zu mir an den Tisch kommen. ein einsames Boot schaukelt spielerisch um die Wellen, behält standhaft die Ruhe, will eher ankommen als unterwegs sein und gaukelt vor, vorwärts zu kommen, spielt, spielt, ohne sich fortzubewegen.

und du, Anker, bist du wohl traurig am Grund dieses Meeres?

von meinem Balkon aus höre ich das Meer. der Singvogel legt sich mit den Wellen an, Steine küssen das Wasser. nur diesen traumhaften Anblick will ich auf meinen Augen ruhen. ich betrachte das Moos auf den Steinen, den Staub auf den Zweigen – ich bin nur der, der vom Ufer hier bis an den Rand dieser Kaimauer geht.

hätte ich Füße zu bleiben, und wäre mein Leben nicht anderswo, würde mir ein Leben hier gut gefallen, voll Gähnen, ein rotes Tuch um den Hals, Ungewissheit, Steine, Katzen, Friede und in der Nähe das Meer.

solche Ruhe, solche Gelassenheit …

ich höre das Boot. jenseits der Straßen und Schatten wartet der Anleger auf mich zum Aufbruch, und das Meer.

Gorée: so viel Wasser umgibt dich, so viel Wasser umfängt dich; in meiner Stimme habe ich deinen Körper, feiere und singe – mit Sternen, die in mir aufgehen –, spiele und ertrinke im Abschied: auf Katzenpfoten, mit steinernen Krallen und der Haut eines Vogels gebe ich mich dem nassen Meer zurück, gehe, aber das Herz in Flammen.

ferve a luz

—

brodelt das licht

Macau

Os chineses não sorriam. Vestiam um ritmo tão apressado que não dava tempo de os ver.

E havia os prédios. E o hotel. E o angolano que me ligava de Luanda, a rir, sempre com a mesma questão: «já viste o menu do hotel...?»

Entre um debate e outro, tínhamos tempo para passear. O calor da tarde era intenso. Abrasivo não para a pele – mas por dentro. As madamas-escritoras iam às compras, roupas e sapatos. Os homens-escritores em busca de tecnologias mais baratas, câmaras, telefones. Decidi acompanhar as madamas na compra de tecidos chineses.

Tinham o esquema montado. Dali iríamos ao alfaiate chinês que em dois dias nos faria a roupa sob medida.

A loja era um labirinto de cores. Quando chegou a minha vez de tirar as medidas, o chinês pediu-me que subisse a uma espécie de mini-primeiro-andar. Uma criança brincava no chão sem nunca ter olhado para mim. O alfaiate, sem dizer palavra, sentou-se a um canto. Uma velha muito velha aproximou-se pela lateral e fez o sinal. Que eu tirasse a camisa. Deixei de ouvir as vozes no andar de baixo. De peito nu, quase pude sentir a sensação de que aquele lugar não era aquele mas outro.

A velha guardou a fita métrica no interior do peito. Talvez usasse sutiã. Ou não. Tocou-me as costas com firmeza e simultâ-

Macau

Die Chinesen lächelten nicht. Sie trugen einen so hastigen Rhythmus am Leib, dass gar keine Zeit war, sie zu sehen.

Und da waren Gebäude. Und das Hotel. Und der Angolaner, der mich von Luanda aus anrief und lachte, immer mit derselben Frage: »Hast du im Hotel schon die Speisekarte gesehen …?«

Zwischen einer Diskussionsveranstaltung und der nächsten hatten wir Zeit zum Spazierengehen. Die Nachmittagshitze war groß. Weniger für die Haut sengend als von innen. Die Schriftsteller-Damen gingen einkaufen, Kleidung und Schuhe. Die Schriftsteller-Herren suchten nach billiger Technologie, Kameras, Telefone. Ich entschloss mich, mit den Damen zu gehen, chinesische Stoffe kaufen.

Es war alles genauestens geplant. Es sollte zu einem chinesischen Schneider gehen, der uns in zwei Tagen die Kleidung nach Maß anfertigen würde.

Das Geschäft war ein Labyrinth der Farben. Als ich dran war mit Maß nehmen, bat mich der Chinese, auf eine Art winziges Zwischengeschoss hochzusteigen. Ein Kind spielte dort auf dem Boden und schaute nicht einmal zu mir auf. Ohne ein Wort zu sagen, setzte der Schneider sich in eine Ecke. Eine sehr alte Frau kam von der Seite und gab mir ein Zeichen. Ich sollte mein Hemd ausziehen. Ich hörte die Stimmen von unten nicht mehr. Mit nacktem Oberkörper hatte ich fast das Gefühl, es sei nicht dieser Ort, sondern ein anderer.

Die Alte verstaute ihr Maßband zwischen ihren Brüsten. Vielleicht trug sie einen Büstenhalter. Vielleicht auch nicht. Sie be-

nea suavidade. Contava-me as vértebras? As suas mãos, de aspeto totalmente idoso, auscultavam o meu corpo. A criança brincava. O alfaiate fingia-se adormecido.

A velha tocou-me a nuca. Só depois me tomou os pulsos e pos-se a olhar, imóvel, para as minhas mãos. Sentia-me nu. O mundo tinha perdido a capacidade de produzir sons. Só a respiração do alfaiate e do menino. Eu e a velha não.

Não me lembro de ter voltado a vestir a camisa ou de ter descido as escadas. Quando consegui chegar ao hotel, vi que alguns colegas já tinham as malas no hall. Bebiam no bar.

– Já fizeste o check out? – perguntaram.

– Como assim?!

Subi. Arrumei as malas. Tinha vários recados no quarto de pessoas que me tinham ligado nos últimos dias. Mal transcrito, estava o recado do amigo angolano: «atenção ao menu do hotel. Recomendo as massagens. Até há de duas ao mesmo tempo...»

Ligaram da receção. Esperavam-me em baixo para partir.

– E agora? – perguntei à madama que me tinha conduzido à loja do alfaiate.

– Passamos lá para apanhar as roupas. É a caminho do aeroporto. Já avisaram que está tudo pronto.

– Mas ele não disse que eram dois dias?

rührte mich am Rücken bestimmt und zugleich sehr sanft. Zählte sie meine Wirbel? Ihre Hände, die wirklich alt aussahen, horchten in meinen Körper hinein. Das Kind spielte. Der Schneider stellte sich schlafend.

Die Alte berührte mich im Nacken. Erst dann fasste sie mich an den Handgelenken und schaute reglos auf meine Hände. Ich fühlte mich nackt. Die Welt hatte die Gabe verloren, Geräusche zu machen. Nur das Atmen des Schneiders und das des Kinds. Nicht von mir und der Alten.

Ich kann mich nicht erinnern, das Hemd wieder angezogen zu haben oder die Treppen hinuntergestiegen zu sein. Als ich es geschafft hatte, wieder zum Hotel zu kommen, sah ich, dass einige Kollegen schon ihre Koffer im Eingangsbereich stehen hatten. Sie tranken an der Bar.

»Hast du schon ausgecheckt?«, fragten sie.

»Wieso?«

Ich ging hoch. Packte meine Koffer. Ich hatte mehrere Nachrichten auf dem Zimmer von Leuten, die mich in den letzten Tagen angerufen hatten. Schlecht transkribiert war da die Botschaft meines angolanischen Freunds: »Vorsicht mit der Speisekarte im Hotel. Ich kann die Massagen empfehlen. Manchmal sogar mit zwei auf einmal …«

Ein Anruf kam von der Rezeption. Man wartete unten auf mich um abzufahren.

»Und jetzt?«, fragte ich die Madame, die mich zum Geschäft des Schneiders geführt hatte.

»Wir fahren dort vorbei und holen die Kleider ab. Es liegt auf dem Weg zum Flughafen. Sie haben Bescheid gesagt, dass alles fertig ist.«

»Aber hat er nicht gesagt, dass es zwei Tage dauert?«

– Disse. E cumpriu. O chinês não brinca em serviço!

À porta da loja, ela mesmo saiu, veloz, e voltou com dois volumes. Um era o meu. O alfaiate fez-me um adeus certeiro e entrou. No andar de cima, uma minúscula janela. Nela, a velha com a criança ao colo. A mão dela no vidro. Senti na nuca uma estranhíssima sensação. Deixei as mãos acariciarem o embrulho.

Apalpo-o. Cheiro-o. Acaricio-o sempre que essa sensação me visita a nuca. Mantenho-o bem guardado.

Nunca caí na tentação de abrir o embrulho chinês.

»Das hat er gesagt. Und gehalten. Der Chinese versteht keinen Spaß bei der Arbeit!«

An der Tür zum Geschäft stieg sie selbst aus, schnell, und kam mit zwei Paketen zurück. Eins davon war meins. Der Schneider winkte mir kurz und bestimmt zu und ging wieder hinein. Im oberen Stock ein winziges Fenster. Darin die Alte mit dem Kind auf dem Arm. Ihre Hand am Glas. Ich spürte ein seltsames Gefühl im Nacken. Ich streichelte mit der Hand über das eingewickelte Paket.

Ich betaste es. Rieche daran. Streichele es jedes Mal, wenn mich dieses Gefühl im Nacken überkommt. Ich bewahre es sorgfältig auf.

Nie bin ich der Versuchung erlegen, das chinesische Päckchen zu öffnen.

Praga

Gosto de visitar cemitérios vazios.

É uma ilusão comum, pois é sabido que um cemitério (à exceção do de Odorico) não é um lugar vazio. Pelo contrário: está cheio de gente que já viveu. Na realidade, um cemitério é um poço de sonhos literalmente enterrados.

Este não estava nada vazio. Um cortejo silencioso passava pela ala Oeste, e por isso dirigi-me ao lado oposto. Fiz como uso fazer: caminho decididamente como se soubesse que campa visitar. Escolho uma, ao longe, e é para ela que vou. Percorro o caminho, vejo nomes, fotos, lápides. Gosto particularmente das inscrições, dos textos escolhidos.

Há palavras que nos intrigam. Ao longo da vida haverá um grupo de palavras que nos deixará intrigados. Ou pensativos: «ainda assim, fui feliz!», é de uma menina que, pelas datas, viveu apenas catorze anos. «Vemo-nos em breve, acreditem», uma senhora falecida aos setenta e dois. E este, precioso (emprestado de Sophia), numa campa em que me detenho e emociono: «se tanto me dói que as coisas passem / é porque cada instante em mim foi vivo / na busca de um bem definitivo / em que as coisas do amor se eternizassem.»

Reconheço o tom da escrita. Não está assinado, não há uma foto, um nome, apenas a inscrição. É isso que me intriga. Sinto

Prag

Ich besuche gern einsame Friedhöfe.

Das ist eine weitverbreitete Illusion, denn man weiß, dass ein Friedhof (außer dem von Odorico*) kein einsamer Ort ist. Im Gegenteil: Es ist dort voller Menschen, die einmal gelebt haben. In Wirklichkeit ist ein Friedhof eine Grube buchstäblich begrabener Träume.

Der hier war auf keinen Fall einsam. Eine schweigende Trauergemeinde zog über den westlichen Flügel, also ging ich in die andere Richtung. Ich tat dies, wie ich es immer tue: entschlossen, als wüsste ich, welches Grab ich besuchen will. Von weitem schon suche ich mir eins aus, und dort gehe ich hin. Gehe den Weg entlang, sehe Namen, Fotos, Grabsteine. Besonders mag ich die Inschriften, die Texte, die man gewählt hat.

Es gibt Worte, die uns beunruhigen. Im Lauf eines Lebens mag es eine Reihe von Worten geben, die uns beunruhigen. Oder nachdenklich machen: »trotzdem war ich glücklich!« von einem Mädchen, das vom Datum her nur vierzehn Jahre gelebt hat. »Wir sehen uns bald, glaubt mir«, eine mit zweiundsiebzig verstorbene Dame. Und dies, so kostbar (von Sophia de Mello Breyner entlehnt) auf einem Grabstein, vor dem ich verweile und der mich anrührt: »wenn es mich schmerzt, dass die Dinge vergehen / dann, weil jeder Augenblick in mir einmal gelebt hat / auf der Suche nach dem endgültig Guten / in dem sich die Dinge der Liebe verewigen.«

Ich erkenne den Tonfall der Inschrift. Sie trägt keine Unterschrift, es gibt kein Foto, keinen Namen, nur die Inschrift. Das ist

medo. Uma mão leve, branca, toca-me o ombro sem ter querido assustar. Disfarço. Respiro fundo. Viro-me devagar.

– Você não tem mortos neste cemitério. Venha comigo!

A mulher, perturbadoramente bela, não tem dúvidas de que eu a vá seguir.

Mantenho a distância. Diminuo o passo quando ela o faz. Apanha flores frescas de outras campas e, a cada gesto com as mãos para trás, sou eu que as seguro. Sou agora um carregador de flores roubadas. Um cúmplice em silêncio e movimento. Quase já não tenho braços para tantas flores. Invade-me o cheiro agressivo de tantos odores e é por puro milagre que não espirro.

– Ponha tudo aqui. É a campa do meu marido. Gostava mais de receber do que de dar flores...

Pouso as flores. São demasiadas e belas. Faço menção de me retirar e ela toca-me o braço.

– Fique. Faça dele um morto seu.

Não me agrada a proposta. Não gosto que escolham por mim os meus mortos. Não me agrada o marido da mulher bela no cemitério. A mão que me tocou tinha uma luva. A outra, a mão nua, mexe nas flores, junta-as num montinho.

– Tem um isqueiro?

A mulher acende as flores. Agora entendo as manchas que a campa tem. O fogo, o fumo, o cheiro, tudo de repente é esplêndido. A mulher sabe o que faz e vejo no seu olhar que faz isto há muitos anos.

es, was mich beunruhigt. Ich bekomme Angst. Eine leichte, weiße Hand berührt mich an der Schulter, ohne mich erschrecken zu wollen. Ich lasse mir nichts anmerken. Atme tief durch. Drehe mich langsam um.

»Sie haben auf diesem Friedhof hier keine Toten. Kommen Sie mit!«.

Die Frau, verstörend schön, zweifelt nicht daran, dass ich ihr folgen werde.

Ich halte Abstand. Werde langsamer, wenn sie langsamer wird. Sie pflückt frische Blumen von anderen Gräbern, und wenn ihre Hände nach hinten gehen, bin ich es, der sie ihr abnimmt. Ich bin jetzt ein Träger gestohlener Blumen. Ein Komplize im Schweigen und in der Bewegung. Ich habe schon kaum mehr genug Arme für so viele Blumen. Ein aufdringlicher Geruch von so vielen Düften überfällt mich, ein Wunder, dass ich nicht niesen muss.

»Legen Sie alles hierher. Es ist das Grab meines Mannes. Er bekam lieber Blumen als welche zu verschenken …«

Ich lege die Blumen ab. Es sind zu viele und sie sind schön. Ich will mich zurückziehen, und sie fasst mich am Arm.

»Bleiben Sie. Machen Sie ihn zu Ihrem Toten.

Der Gedanke gefällt mir nicht. Ich mag nicht, dass man mir meine Toten aussucht. Mir behagt der Mann dieser schönen Frau auf dem Friedhof nicht. Die Hand, die mich berührt hat, trug einen Handschuh. Die andere, die nackte Hand, macht sich an den Blumen zu schaffen, legt sie zu einem Häuflein zusammen.

»Haben Sie ein Feuerzeug?«

Die Frau steckt die Blumen in Brand. Jetzt verstehe ich die Flecken auf dem Grab. Das Feuer, der Rauch, der Geruch, alles ist plötzlich wunderbar. Die Frau weiß, was sie tut, und ich sehe in ihrem Blick, dass sie dies seit vielen Jahren so macht.

– Você consegue imaginar as coisas que se hão de fazer sobre a sua campa?

A sua voz traz uma frescura provocante e a espera, paciente, de uma resposta minha. Quase sorrio. Tenho também a paciência muito bem treinada e, naquele instante, já ambos sabemos que nada direi.

Afasto-me. Vejo-a colocar outra luva. O seu corpo oscila.

É óbvio que, lentamente, a mulher dança.

»Können Sie sich vorstellen, was man irgendwann auf Ihrem Grab tun wird?«

In Ihrer Stimme liegt eine provozierende Kälte, dazu die geduldige Erwartung einer Antwort von mir. Fast lächle ich. Auch ich bin sehr geübt im Geduldigsein, und in diesem Augenblick wissen wir beide schon, dass ich nichts sagen werde.

Ich gehe weg. Sehe sie den anderen Handschuh anziehen. Ihr Körper schimmert.

Es ist klar, dass die Frau langsam tanzt.

---

* Odorico Paraguaçu, Hauptfigur der brasilianischen Fernsehserie / Telenovela »O Bem Amado« nach dem Theaterstück von Dias Gomes.

Oaxaca

Sentou-se à minha mesa e não disse uma palavra. De início.

Entre nós, um calor imenso e silencioso. Da cidade de Oaxaca eu haveria de recordar as refeições menos picantes do que me haviam ameaçado e a languidez das horas compridas que um grupo de jovens usava para estar comigo a não fazer nada. Nada mesmo. Ou quase nada.

Nessa tarde os jovens não tinham aparecido. Não fazer nada é uma questão de dedicação, não do número de pessoas. Valoriza-se a intensidade mais do que a quantidade.

Soube que o homem se tinha sentado pelo magro ruído dos pés da sua cadeira. Não fosse assim, o meu olhar estaria ainda perdido pela praça quente, onde as árvores eram palhaços imobilizados que, de braços abertos, entregavam o corpo à queima do sol.

Uma luz morena mas forte. Que invadia. Se a pessoa soubesse permitir, era uma luz que invadia. Entrava pelas mãos. Tomava conta das veias. Inundava os poros.

O homem, com gestos apenas, parecia pedir o meu isqueiro. Mas não, queria que eu lhe enrolasse um cigarro. Fi-lo. Tinha o à-vontade de um amigo que fizesse tudo aquilo por brincadeira. Mas nunca o tinha visto na vida. Acho eu. Acendeu o cigarro. Não olhou para mim.

Uma jovem aproximou-se, de mão estendida. Tirei umas moedas e o homem, do bolso, tirou um pequeno bloco. Escreveu nele. Arrancou a folha. Passou à jovem. Ela quase sorriu.

Oaxaca

Er setzte sich zu mir an den Tisch und sagte kein Wort. Jedenfalls erst.

Zwischen uns eine riesige, lautlose Hitze. In Erinnerung an Oaxaca sollte mir das Essen bleiben, das weniger scharf war als angedroht, und die Zähigkeit der langen Stunden, die eine Gruppe junger Leute dazu nutzte, bei mir zu sein und sonst nichts zu tun. Buchstäblich nichts. Oder fast nichts.

An jenem Nachmittag waren die jungen Leute nicht aufgetaucht. Nichtstun ist eine Frage der Hingabe und nicht der Anzahl an Leuten. Intensität ist mehr wert als Quantität.

Dass der Mann sich gesetzt hatte, hörte ich am dürren Scharren der Stuhlbeine. Sonst hätte sich mein Blick weiter auf dem brütend heißen Platz verloren, auf dem die Bäume reglos gewordene Clowns waren, die sich mit offenen Armen der sengenden Sonne aussetzten.

Ein bräunliches, aber kräftiges Licht. Eindringlich. Für den, der es zulassen konnte, ein überwältigendes Licht. Es drang über die Hände ein. Bemächtigte sich der Adern. Füllte jede Pore.

Mit knapper Geste schien der Mann mich um Feuer zu bitten. Aber er wollte, dass ich ihm eine Zigarette drehte. Das tat ich. Er wirkte gelassen, wie ein Freund, der das alles aus Spielerei tat. Aber ich hatte ihn im Leben noch nie gesehen. Er steckte die Zigarette an. Sah mich nicht an.

Eine junge Frau kam, die Hand ausgestreckt. Ich kramte ein paar Münzen hervor, und der Mann zog aus seiner Tasche einen kleinen Block. Er schrieb etwas hinein. Riss das Blatt heraus, gab es der jungen Frau. Sie hätte fast gelächelt.

– Um poema... – murmurou.

E foi quase tudo.

Chegaram duas cervejas. Elevou a garrafa, mas não tocou a minha. Era o brinde possível, o gesto mais próximo que haveríamos de executar. Nesse instante, espreitei-lhe o olhar: não é que a sua mirada fosse feita de vazio, mas eram tantas coisas a ver que desse momento restou-me apenas um labirinto demasiado intenso. Não saberia dizer quantas estórias vi, quantas coisas imaginei, quantos pressentimentos me assaltaram. O homem que tinha um poço no olhar, calado, apenas fazia o gesto de pedir mais cerveja. Sempre para os dois. Sempre como se fosse um amigo regressado de uma longa viagem. Era a sua sede que revelava a distância que tinha percorrido. A dureza nas mãos. Os gestos resolutos e poupados. A perna traçada. O olhar parado ao longe.

Teria o homem já regressado? O que seria esperado de mim naquele momento? Até hoje me martirizo por não ter tentado o início de um diálogo. A bem dizer, nunca tive o espaço necessário. Vi o que pude, olhando de esguelha. Aproveitei cada milímetro do que o vento trazia dos cheiros da sua roupa, um leve resto de creme de barbear, um desodorizante já cansado, a blusa engomada não muito recentemente. E era tudo. As unhas limpas. As orelhas também. A caneta antiga, o bloco também. A letra firme, pequena.

Levantou-se, endireitando o cinto, compondo as calças. Já de pé, voltou a retirar o bloco do bolso. Escreveu. Olhou. Corrigiu. Deixou a folha entalada sob o prato intacto, branco. Como quem

»Ein Gedicht …«, murmelte sie.

Und das war fast alles.

Zwei Bier kamen. Er hob seine Flasche, berührte meine jedoch nicht. Das gerade noch mögliche Zuprosten, die äußerste Andeutung von Nähe, die wir uns erlauben sollten. In diesem Moment konnte ich einen Blick auf seine Augen erhaschen: Es war keine Leere darin, nein, sondern so viele Dinge waren zu erkennen, dass mir von diesem Augenblick nur ein viel zu verschlungenes Labyrinth blieb. Ich kann nicht sagen, wie viele Geschichten ich sah, wie viel ich mir einbildete, wie viele Ahnungen mich überfielen. Der Mann, in dessen Blick ein Brunnen lag, bestellte mit einer Handbewegung stumm Bier nach. Immer für beide. Immer wie ein Freund, der gerade von einer langen Reise zurück ist. Sein Durst verriet, welche Entfernung er zurückgelegt haben musste. Die Härte seiner Hände. Seine entschlossenen, knappen Bewegungen. Die Beine übereinandergeschlagen. Der Blick in der Ferne verweilend.

War er überhaupt schon zurück? Was wurde gerade von mir erwartet? Es quält mich bis heute, dass ich nicht versucht habe, ein Gespräch anzufangen. Genau genommen hatte ich dafür nie den nötigen Raum. Ich sah, was mir möglich war, immer verstohlen. Nutzte jeden Millimeter dessen, was mir der Wind an Gerüchen aus seiner Kleidung herantrug, eine Spur von Rasiercreme, ein schon ermüdetes Deodorant, das nicht mehr ganz frisch gebügelte Hemd. Das war alles. Die Fingernägel sauber. Auch die Ohren. Der Füllfederhalter so alt wie der Block. Seine feste, winzige Schrift.

Er stand auf, zog seinen Gürtel stramm, strich sich die Falten aus den Hosen. Im Stehen schon zog er noch einmal seinen Block aus der Tasche, schrieb etwas hinein. Schaute. Korrigierte. Steckte

tivesse pago a conta que não pagou, ou me deixasse um derradeiro bilhete de despedida.

Era um poema duro – como uma pele. Enquanto o lia, o homem desapareceu. A jovem olhava-me do outro lado da praça. Pareceu-me que sorria. Desapareceu também.

Era um poema tão duro que me doeram os olhos. As árvores, agora mais nítidas, molhadas, estavam no mesmo lugar. Dezanove garrafas de cerveja sobre a mesa. E a folha de papel.

Em cima, dizia «palavras parecidas com *adeus*».

Em baixo, estava escrito:

«ps – destrua esta folha. Nunca escreva ou repita este poema. *Gracias por las cervezas*. Um amigo. Talvez.»

das Blatt unter den unberührten, weißen Teller. Als wollte er eine Rechnung bezahlen, die er nicht bezahlt hat, oder mir eine Abschiedsbotschaft hinterlassen.

Es war ein hartes Gedicht – wie eine Schale. Während ich es las, verschwand der Mann. Von der gegenüberliegenden Seite des Platzes schaute die junge Frau zu mir. Ich hatte den Eindruck, sie lächelte. Dann verschwand auch sie.

Es war ein Gedicht, das so hart war, dass mir die Augen weh taten. Die Bäume, nun deutlicher, feucht, standen an derselben Stelle wie vorher. Auf dem Tisch neunzehn Bierflaschen. Und das Blatt Papier.

Darauf war geschrieben: »Worte wie ein *Adieu*.«

Darunter stand:

»ps – vernichten Sie dieses Papier. Schreiben oder wiederholen Sie dieses Gedicht nie. *Gracias por las cervezas*. Ein Freund. Vielleicht.«

Nairobi

Quando se aproximou, a mulher trazia vestida no corpo a carga de uma notícia. Eu não quis acreditar. Pensei que (eu) estivesse a ler sinais inexistentes.

Mas, é sabido: há sinais inconfundíveis. Há factos que nos encontram. No mar ou no deserto. Na escuridão ou na maresia.

Havia ruído. A mulher teve o cuidado de esperar que a multidão se dissipasse. Eu sabia que não esperava nada. E quando não espero nada, posso estar muito tempo assim. Ela esperava não sei o quê. Mas esperou.

É verdade que se aproximou devagar e que esteve um largo pedaço de tempo à espera que a multidão seguisse o seu destino. Não deixa de ser curioso que duas pessoas sentadas num aeroporto, e paradas, podem fazer a vez de um polícia sinaleiro ou de uma esquina. Tanto um sinaleiro como uma esquina dão caminho a multidões.

«Se não é pesado, o silêncio não incomoda», começou a mulher. Disse-o como quem fala para quem quiser ouvir. Há coisas que só nos chegam se as quisermos ouvir. E se o nível de ruído circundante o permitir.

Às vezes mesmo um aeroporto pode ser um lugar vazio. Os lugares, quando são grandes, contêm um vazio maior. Mas dentro de cada um, o vazio não se equipara ao tamanho dos lugares. É

Nairobi

Als sie näherkam, war die Frau in die Last einer Nachricht gekleidet. Ich wollte es nicht glauben. Ich dachte, ich würde Zeichen erkennen, wo keine waren.

Aber man weiß: Es gibt Zeichen, die unverwechselbar sind. Es gibt Tatsachen, die uns begegnen. Auf dem Meer oder in der Wüste. In der Dunkelheit oder im Meeresdunst.

Da waren Geräusche. Die Frau wartete sorgsam darauf, dass sich die Menge verstreute. Ich wusste, dass ich nichts erwartete. Und wenn ich nichts erwarte, kann ich lange so bleiben. Was sie erwartete, weiß ich nicht. Aber sie wartete.

Jedenfalls kam sie langsam heran und wartete lange darauf, dass die Menge weiter ihrer Wege zog. Es ist erstaunlich, wie zwei Leute, die reglos auf einem Flughafen sitzen, die Rolle eines Verkehrspolizisten einnehmen können oder einer Straßenecke. Verkehrspolizisten und Straßenecken lassen Menschenmengen vorbeiziehen.

»Wenn sie nicht schwer ist, stört Stille nicht«, fing die Frau an. Sagte es so, wie man zu jemandem spricht, der zuhören will. Es gibt Dinge, die uns nur erreichen, wenn wir sie hören wollen. Und wenn der umgebende Geräuschpegel es erlaubt.

Manchmal kann selbst ein Flughafen ein leerer Ort sein. Wenn Orte groß sind, ist eine größere Leere darin. Aber die Leere

assim que uma pessoa pequena pode conter um enorme vazio e a pessoa grande conter um vazio menor.

Só cada dono poderá saber do tamanho do seu vazio.

A mulher apontou para o meu telefone: «essas coisas contêm música, não é?» Acenei afirmativamente. E pensei: «há coisas que têm e tocam música. Também as lembranças estão cheias de músicas.» O vazio do aeroporto espalhava em nós uma tranquilidade avassaladora.

De novo, apontou para o telefone. O seu dedo, pequeno, movia-se como uma pena. Leve. Muito leve. «Procure uma música chamada Rising.» Uma pontada de tristeza invadiu-me o coração. «Lhasa é o nome da cantora», disse, ainda suave. «Eu sei.» A música começou. Os olhos da mulher incharam-se de lágrimas. As músicas estão cheias de lembranças. «E de sensações...», disse a mulher.

A mulher, sem olhar para mim, foi dizendo que conhecia a música de Lhasa desde o início da carreira. Que tinha ido a muitíssimos concertos. E que tinha uma notícia para me dar. Que talvez eu já soubesse. Ou não. Mas, é sabido: há sinais inconfundíveis.

O seu dedo, leve, apontava para o telefone. «Ponha aquela canção de nome Bells. E prepare-se: tenho uma triste notícia para lhe dar.»

in einer Person entspricht nicht der Größe des Orts. So kann eine kleine Person eine riesige Leere in sich tragen, und eine große Person eine kleinere Leere.

Nur man selbst kann die Größe der eigenen Leere ermessen.

Die Frau deutete auf mein Telefon: »In diesen Dingern sind Lieder drin, richtig?« Ich nickte. Und dachte: »In manchen Dingen ist oder spielt Musik. Auch Erinnerungen sind voller Musik.« Die Leere des Flughafens entfaltete in uns eine niederschmetternde Ruhe.

Wieder deutete sie auf das Telefon. Ihr winziger Finger bewegte sich wie eine Feder. Leicht. Sehr leicht. »Suchen Sie nach einem Lied namens *Rising*.« Eine Spur Traurigkeit machte sich in meinem Herz breit. »Lhasa heißt die Sängerin«, sagte sie noch dazu sanft. »Ich weiß.« Das Lied fing an. Die Augen der Frau füllten sich mit Tränen. Lieder sind voller Erinnerungen. »Und Empfindungen …, sagte die Frau.

Ohne mich anzusehen, sagte die Frau, dass sie Lhasas Musik schon seit dem Beginn ihrer Karriere kennen würde. Dass sie auf vielen ihrer Konzerte gewesen sei. Und dass sie mir etwas zu sagen habe. Was ich vielleicht schon wisse. Oder auch nicht. Aber man weiß: Es gibt untrügliche Zeichen.

Ihr Finger deutete leicht auf das Telefon. »Spielen Sie dieses Lied namens *Bells*. Und machen Sie sich darauf gefasst: Ich habe eine traurige Nachricht für Sie.«

Como seres humanos, estamos alguma vez preparados para uma triste notícia?

Vi as horas. Em breve eu deveria partir. A mulher tinha-se sentado ali, tão perto de mim, para me falar da morte de Lhasa. De modo separado, chorámos juntos. Há factos que nos encontram. Na escuridão ou na maresia, todos os lugares são internos.

O silêncio não nos incomodava. Não dissemos mais palavras. Esperei que terminasse a música, e parti.

Tanto um aeroporto como uma música dão caminho a multidões.

Ou a um homem só.

Sind wir als Menschen jemals auf eine traurige Nachricht gefasst?

Ich schaute nach der Uhr. Bald würde ich aufbrechen müssen. Die Frau hatte sich dort hingesetzt, ganz nahe zu mir, um mir von Lhasas Tod zu erzählen. Getrennt voneinander weinten wir beide zusammen. Es gibt Tatsachen, die uns begegnen. Ob in der Dunkelheit oder der Seeluft, alle Orte sind innerlich.

Die Stille störte uns nicht. Wir sagten kein Wort mehr. Ich wartete, bis das Lied zu Ende war und brach auf.

Ein Flughafen bringt wie ein Lied Menschenmengen dazu weiterzugehen.

Oder einen einzelnen Menschen.

Zanzibar

tenho o corpo pisado pelas rãs e palavras abençoadas aguardam vez na minha boca. chove sobre mim. os meus dedos respiram. os meus olhos celebram a chuva numa alegria seca.

junto água à terra que os meus pés pisam, faço barro para cobrir o corpo. é no barro húmido sobre o corpo nu que as rãs deixam as peugadas que irei decifrar atravessando o tempo.

espero o tempo passar para entender o cântico do meu corpo junto ao teu; assistir, sem medo, à partida das rãs. invoquei-as e elas atenderam. esperei – sob o sol, tempestades, pequenas mortes, celebrações e fugas, e acreditei sempre na chegada delas. sei o que vivo na pele feita macia pela areia molhada.

o amor é uma palavra suada entre os meus dedos – devo isso ao destino e ao instinto.

sua, noite. entre os teus dedos o meu corpo existe para celebrar o amor. empurro a palavra madrugada e é doce essa tarefa. pronuncio palavras ao teu ouvido. palavras que o esquecimento acolhe no seu regaço, palavras para reprogramar o teu sentir. que a travessia aconteça. que os camelos paralelos a nós possam transportar água suficiente e o sol nos seja brando. que o vento não anule as peugadas das rãs. de tempos a tempos necessitarei desse mapa.

Sansibar

Frösche treten meinen Körper, und in meinem Mund warten gesegnete Worte. es regnet auf mich. meine Finger atmen. meine Augen feiern in trockener Heiterkeit, dass es regnet.

ich gebe Wasser zur Erde, die meine eigenen Füße betreten, mache Schlamm, um meinen Körper damit zu bedecken. im feuchten Schlamm auf meinem nackten Körper hinterlassen die Frösche Spuren, die ich beim Weg durch die Zeit lesen werde.

ich lasse die Zeit vergehen, um den Gesang meines Körpers an deinem zu begreifen; furchtlos den Aufbruch der Frösche zu sehen. ich rief sie, sie sind gekommen. ich habe gewartet – in der der Sonne, in Unwettern, winzigen Toden, Feierlichkeiten und Fluchten, und immer habe ich an ihr Kommen geglaubt, weiß, was ich erlebe in der vom nassen Sand weich gewordenen Haut.

die Liebe ist ein verschwitztes Wort in meinen Fingern – dem Schicksal verdanke ich das und dem Instinkt.

schwitze, Nacht. mein Körper in deinen Fingern ist da, um die Liebe zu feiern, ich schiebe das Wort Morgendämmerung, und süß ist diese Tätigkeit. ich sage Worte an deinem Ohr. Worte, die das Vergessen in seinen Schoß nimmt, Worte, die dein Empfinden neu einstellen sollen. die Überfahrt soll gelingen, Kamele sollen parallel genug Wasser tragen und die Sonne soll gut zu uns sein. der Wind soll die Spuren der Frösche nicht verwehen. von Zeit zu Zeit werde ich diese Landkarte brauchen.

quero o caminho de volta ao meu corpo interno vindo já cansado de pisar o teu. o teu corpo doce. as tuas mãos pequeninas. os odores que libertas ao amar – os que incorporo depois de os inventar para mim: sândalos, maresias, amanheceres, cabelos de gato, as danças que só acontecem contigo antes do teu corpo e durante tu.

se me deito entre o teu olhar e a sombra densa da madrugada, adormeço. e que pesadelo bonito tenho ao frequentar o teu sono, aí onde dormes quieta e leve, de curta penugem vestida e pele doce a acompanhar-te o corpo – sonhos pendurados, inofensivas adagas, humidades arremessadas à noite contra a solidão. beijo e brandura. mão e músculo. seio e sensualidade.

és a madrugada onde o tango prolifera.

a ausência dos dedos suados sobre um piano – soltam-se memórias em dias de primavera, um jorro de risos e noites se acumula, transborda, e tudo o que és se faz barca. entre um passo de dança e um passo dado, canta um pássaro delicado, a palavra saudade chega e se acomoda feita folha, tinta de entornar sonhos, gota de vinho tão tinto.

canta, andorinha: dentro do meu peito bates. exausta.

entre veias, vives e vais. o teu destino é bater asas num espaço que não há, trémulas tentativas, forçadas caminhadas, felicidades furtivas. aqui dentro o espaço é este – já o amor se queixa de ser tão breve, já a dor depois de aquecer arrefece.

em mim, apenas o meu corpo por gaiola.

ich will den Weg zurück zu meinem inneren Körper, schon erschöpft davon, deinen zu treten. deinen süßen Körper. deine winzigen Hände. die Düfte, die du beim Lieben verströmst – die ich vereinnahme, nachdem ich sie für mich erfinde: Sandel, Gischt, aufgehender Morgen, Katzenhaar, Tänze, die nur mit dir sind und noch vor deinem Körper und während du.

wenn ich mich zwischen deinen Blick und den tiefen Schatten der Dämmerung lege, schlafe ich ein. und welch schönen Albtraum habe ich beim Besuch deines Schlafs, wo du schläfst, ruhig und leicht, in kurzem bekleideten Flaum, süße Haut deinen Körper entlang – schwebende Träume, unschädliche Dolche, gegen die Einsamkeit in die Nacht geschleuderte Feuchtigkeit. Küsse und Sanftmut. Hand und Muskel. Brust und Sinnlichkeit.

du bist die Nacht, in der sich der Tango verbreitet.

die Abwesenheit schwitzender Finger auf einem Klavier – Erinnerungen entstehen an Frühlingstagen, ein Schwall von Lachen und Nächten sammelt sich an, überbordet, und alles, was du bist, ist ein heimliches Fest. zwischen einem Tanzschritt und einem gegangenen Schritt singt ein zarter Vogel, das Wort Sehnsucht kommt und nistet sich ein wie ein Blatt, Farbe, verschüttete Träume, Tropfen von so rotem Wein.

sing, Schwalbe: In meiner Brust flatterst du. müde.

zwischen Blutbahnen lebst du und gehst. deine Bestimmung ist Flügel zu schlagen in einem Raum, den es nicht gibt, zaghafte Versuche, erzwungenes Wandern, flüchtige Heiterkeiten. hier drin ist dies der Raum – schon die Liebe beklagt sich, so kurz zu sein, schon der Schmerz erkaltet nach dem Erhitzen.

in mir nur mein Körper als Käfig.

sonhos azuis

—

blaue träume

Shangai

para o James Dallha

Um hotel antigo. Antiquado. Obsoleto?

Entre os reflexos das luzes, dos copos, dos espelhos manchados, o bâton da senhora alemã. Quase uma anciã. As suas mãos de um outro tempo. O seu olhar estranhamente calmo.

Dentro do hotel, o clube de jazz. Os músicos. Os chineses. O fumo. Os óculos grossos de um deles. A boquilha de um outro. E os músicos, tal como a anciã alemã, absurdamente felizes.

Pedi um whisky. Pedi ao barman que retirasse o gelo. Pedi-lhe novamente que retirasse o gelo. Até que a senhora alemã veio, ela mesmo, retirar o gelo do copo e servir-me um novo whisky. Outro copo. Outros gestos. Agradeci com a cabeça. A quentura da bebida invadia-me as lembranças: devagarinho, começava a lembrar-me de coisas que muito em breve iriam acontecer. Uma chuva lá fora que não choveu, o sacudir dos guarda-chuvas de um grupo de japoneses que nunca entrou naquele clube.

Segundo whisky. A música melhora. É óbvio que não sei se é da felicidade com que os músicos a executam ou se todos os momentos, de todas as noites, melhoram ao ritmo da bebida que se toma. A mulher, alemã, anciã, sorri para mim. Mas não há a malícia que eu pensara. Não há nenhuma sugestão que não aquela, a

Shanghai

für James DaIlha

Ein altes Hotel. Antiquiert. Obsolet?

Zwischen dem Blitzen der Lichter, der Gläser, der fleckigen Spiegel, der Lippenstift der deutschen Dame. Eine Greisin fast. Die Hände aus einer anderen Zeit. Ihr merkwürdig ruhiger Blick.

Im Hotel ein Jazzklub. Die Musiker. Die Chinesen. Der Rauch. Die dicken Brillengläser des einen von ihnen. Das Mundstück eines anderen. Und die Musiker, genau wie die deutsche Greisin, auf unwirkliche Weise froh.

Ich bestellte einen Whisky. Bat den Barkeeper, das Eis rauszunehmen. Bat ihn noch einmal, das Eis rauszunehmen. Bis dann die deutsche Dame kam und mir persönlich das Eis aus dem Glas nahm und mir einen neuen Whisky hinstellte. Ein anderes Glas. Andere Gesten. Ich dankte ihr mit einem Nicken. Die Wärme des Getränks drang mir in die Erinnerungen: Langsam kamen mir Dinge in den Sinn, die bald geschehen würden. Ein Regen draußen, der nicht regnete, das Regenschirmschütteln einer Gruppe Japaner, die nie in dem Klub waren.

Der zweite Whisky. Die Musik wird besser. Natürlich weiß ich nicht, ob wegen der Fröhlichkeit, mit der sie die Musiker spielen, oder ob jeder Moment, jede Nacht, im Takt des Getränks, das man zu sich nimmt, besser werden. Die deutsche Greisin lächelt mir zu. Aber nicht mit der erwarteten Hinterlist. Es liegt keine Be-

de um sorriso simples, afetuoso, nem maternal, nem feminino: um sorriso apenas.

Comovo-me. Se o mundo terminasse dali a cinco minutos, aquela mulher ia sorrir da mesma maneira. Com o mesmo bâton desbastado, rosa, vermelho-a-menos. Comove-me o sorriso daquela mulher com a música que os velhos tocam. Jazz, à moda antiga. Suave, metalizado, sem nunca levantar voo. Como se todas aquelas mãos controlassem um bando de pássaros que não fosse voar.

Talvez fosse esse o segredo. O riso deles. O outro jovem, o barman, não tinha aquele sorriso. Claro: a idade. Ele não partilhava do segredo. A anciã e os músicos tinham acesso a um tempo que nenhum de nós vivera. E o terceiro whisky não me traria a lembrança do que se ia passar a seguir.

Passou-me o resto da comoção. Fui invadido por essa inveja brutal que às vezes me assoma: eu não tinha vivido o tempo daquelas gentes. A alemã ao espelho a retocar o batôn. Os dedos seguros, o batôn curto, gasto. O gesto combinado entre os lábios que se entremordem e o piscar de olho ao contrabaixista. O gesto dele: leve inclinar de cabeça, meio sorriso. E mais pressão sobre as cordas. O inacessível diálogo: eu e o jovem barman nunca saberíamos que lembrança se escondia naquele instante.

O homem entrou, e por ter chegado depois e todos nós, parecia alguém muitíssimo atrasado para um encontro que não havia marcado com ninguém. Todos, rigorosamente todos, olhámos para ele. Calça escura, t-shirt muito colorida, blazer cinzento, ténis. Descontraído. Cabelos grisalhos que lhe davam um toque cinematográfico. O difícil, pelo menos para mim, seria dizer da sua idade ou de onde viria. Tinha nos olhos o peso de muitas viagens mas uma leveza de quem fez da vida simplesmente um aprendizado de

deutung darin, nur die eines einfachen, freundlichen Lächelns, weder mütterlich noch weiblich: nur Lächeln.

Das berührt mich. Ginge die Welt in fünf Minuten unter, würde die Frau genau so weiter lächeln. Mit demselben verwischten Lippenstift, rosa, zu wenig rot. Das Lächeln der Frau berührt mich zur Musik, die die Alten spielen. Altmodischer Jazz. Sanft, metallisch, ohne je abzuheben. Als dirigierten all diese Hände einen Vogelschwarm, der nie fliegt.

Vielleicht war dies das Geheimnis. Ihr Lachen. Der andere junge Mann, der Barkeeper, hatte dieses Lächeln nicht. Natürlich: das Alter. Er kannte dieses Geheimnis nicht. Die Greisin und die Musiker hatten Zugang zu einer Zeit, die wir beide nicht erlebt hatten. Und der dritte Whisky würde mir auch keine Erinnerung an das bringen, was anschließend geschah.

Der letzte Rest Rührung verflog. Mich überkam dieser heftige Neid, der mich bisweilen beschleicht: Ich hatte die Zeit dieser Leute nicht miterlebt. Die Alte vor dem Spiegel zieht ihren Lippenstift nach. Ihre sicheren Finger, der kurze, aufgebrauchte Lippenstift. Die zwischen aufeinandergebissenen Lippen und dem Zwinkern des Kontrabassisten vereinbarte Geste. Dessen Geste: ein leichtes Neigen des Kopfes, ein halbes Lächeln. Und etwas mehr Druck auf die Saiten. Der unzugängliche Dialog: Der junge Barmann und ich würden nie wissen, welche Erinnerung hinter diesem Moment steckte.

Der Mann kam herein, und weil er nach uns allen gekommen war, wirkte er wie jemand, der viel zu spät zu einer Verabredung kommt, die er mit niemandem getroffen hatte. Alle, buchstäblich wir alle, schauten in seine Richtung. Dunkle Hose, sehr buntes T-Shirt, grauer Blazer, Turnschuhe. Locker. Graue Haare, die ihm etwas Filmisches verliehen. Schwer zu sagen, zumindest für mich,

bom humor. Toda a sala olhava para ele. Não se intimidou: sorriu e fez um gesto rápido com a mão, não só como se cumprimentasse cada um de nós; como se conseguisse tocar-nos. E assim resolveu a sua entrada tardia: era já um de nós.

Fui à casa de banho. Pedi outro whisky e fingi que me tinha enganado no lugar para poder tentar ouvir o diálogo da alemã, a anciã, com o senhor do cabelo grisalho e blazer cinzento. E ténis.

A conversa, em inglês, era sobre algo que o homem desejava comprar. E a alemã indicou-lhe várias zonas, e várias ruas, onde ele pudesse comprar eletrodomésticos. Ao que ele sorriu. Depois outra região para roupas e perfumes. E ele sorriu delicadamente fazendo que não. Depois ainda materiais de pintura, pincéis, tintas. Ao que ele, sorrindo, voltou a dizer que não.

O barman, curioso, fingia limpar o balcão perto deles. Eu fumava totalmente inclinado para não perder a explicação que o homem de cabelo grisalho se preparava para lhe dar. Os músicos reorganizaram-se e, ao sinal de um deles, fizeram o milagre.

Não sei se era do whisky, do fumo, da densidade da noite de Shangai, do lugar, dos espelhos ou da combinação de gentes e de estórias, mas os músicos fizeram o milagre: tocaram a música mais lenta do mundo.

Quem falava foi-se calando. As gotas nos copos e nos rostos escorreram lentas e toda a luz se fez de um amarelo pesado que empurrava a madrugada pelos corpos adentro.

wie alt er war und woher er kam. In seinen Augen lag das Gewicht vieler Reisen, doch auch die Leichtigkeit dessen, der aus seinem Leben einfach die Erfahrung von guter Laune macht. Der ganze Raum sah ihn an. Er ließ sich nicht einschüchtern: Er lächelte und winkte kurz, nicht nur als grüßte er jeden Einzelnen von uns, sondern als könnte er uns dabei auch noch berühren.

Ich ging zur Toilette. Dann bestellte ich noch einen Whisky und tat so, als hätte ich meinen Platz verwechselt, um das Gespräch zwischen der Deutschen, der Greisin, mit dem Herrn mit den grauen Haaren und grauem Blazer – und Turnschuhen – hören zu können.

Ihre Unterhaltung auf Englisch ging darum, dass der Mann etwas kaufen wollte. Die Deutsche nannte ihm mehrere Gegenden, mehrere Straßen, wo er Elektrogeräte kaufen könne. Daraufhin lächelte er. Dann eine Gegend für Kleidung und Düfte. Und er lächelte mild und schüttelte den Kopf. Dann Malerbedarf, Pinsel, Farben. Woraufhin er lächelnd noch einmal nein sagte.

Der Barmann tat neugierig, als würde er vor ihnen den Tresen wischen. Ich rauchte, vollständig zur Seite geneigt, um die Erklärung nicht zu verpassen, die der Mann mit den grauen Haaren ihr gerade geben wollte. Die Musiker stellten sich anders auf und ließen auf ein Zeichen von einem von ihnen das Wunder geschehen.

Ich weiß nicht ob vom Whisky oder vom Rauch, der Intensität der Shanghaier Nächte, dem Ort, den Spiegeln, dem Zusammenwirken von Menschen und Geschichten, aber die Musiker vollbrachten das Wunder: Sie spielten das langsamste Lied der Welt.

Wer geredet hatte, verstummte. Die Tropfen an Gläsern und in den Gesichtern rannen langsamer, und alles Licht war nun von einem schweren Gelb, das die Nacht in die Körper drückte.

A alemã fazia um esforço enorme para não desatar a chorar, o homem de cabelo grisalho deixou a boca aberta e adiou a sua fala, virando o rosto devagar para o palco onde os músicos se contorciam tão devagar que o seu esforço se assemelhava ao de uma dor aumentada e adiada à medida que os seus dedos se moviam, em gotas, em círculos, em ímpetos, para que instrumentos mágicos produzissem essa coisa inexplicável, soprada, dolorida, tórrida, chamada jazz.

Um manto de timidez abateu-se sobre nós. As cortinas pareceram-me mais pesadas. Pedi o último whisky, não olhei para mais ninguém. A música mais lenta do mundo deixara-me coberto de uma saudade que levaria meses a passar: a saudade de coisas que eu não iria viver.

Quase ninguém mais falou. Só o homem de cabelo grisalho, calça escura, t-shirt colorida, blazer cinzento e ténis:

– O que eu procuro é uma máquina de costura.

A alemã não disse palavra. No guardanapo, escreveu um endereço. Dobrou-o. Por sobre a mesa.

Foi sentar-se a um canto. No seu hotel antigo. Antiquado.

Pelos espelhos manchados, vejo os lábios da senhora alemã. Ajeita o seu bâton vermelho-quase. Repousa sobre si mesma.

Dois chineses saem. O homem sai com o guardanapo no bolso.

Bebo as últimas gotas do meu whisky. Tudo o que desejo é lembrar-me exatamente do que vai acontecer agora.

Die Deutsche bemühte sich sehr, nicht in Tränen auszubrechen, der Mann mit den grauen Haaren ließ seinen Mund offenstehen und schob seine Rede auf, wandte sein Gesicht langsam zur Bühne, wo sich die Musiker dermaßen langsam bewegten, dass ihr Bemühen dem eines Schmerzes ähnelte, der sich mit dem, wie sich ihre Finger bewegten, verstärkte, in Tropfen, Kreisen, Impulsen, um ihren magischen Instrumenten das Unerklärliche, Hauchende, Schmerzhafte, Brennende namens Jazz zu entlocken.

Ein Mantel der Schüchternheit legte sich über uns. Die Vorhänge kamen mir schwerer vor. Ich bestellte einen letzten Whisky, schaute niemanden mehr an. Das langsamste Lied der Welt hatte mich mit einer Sehnsucht überzogen, die Monate brauchen würde, um vorbeizugehen: die Sehnsucht nach Dingen, die ich nie erleben würde.

Kaum jemand mehr redete. Nur der Mann mit grauem Haar, dunkler Hose, buntem T-Shirt, grauem Blazer und Turnschuhen:

»Was ich suche, ist eine Nähmaschine.«

Die Deutsche sagte kein Wort. Sie schrieb eine Adresse auf eine Serviette. Und faltete sie. Auf dem Tisch.

Dann setzte sie sich in eine Ecke. In ihrem alten – antiquierten – Hotel.

In den fleckigen Spiegeln sehe ich die Lippen der deutschen Dame. Sie zieht ihren fast roten Lippenstift nach. Ruht in sich selbst.

Zwei Chinesen verlassen den Raum. Der Mann geht mit der Serviette in seiner Tasche.

Ich trinke die letzten Tropfen meines Whiskys aus. Alles, was ich nun will, ist mich genau zu erinnern, was nun geschieht.

Ouagadougou

« … às vezes as pessoas partem, vão para mais longe.
e parece perto.»
(a menina no cemitério)

A minúcia. Entre os dedos e o todo das mãos. O olhar e os gestos calmos, certeiros. Adultos. Na sua paz, algo de infância em bruto se havia entrincheirado.

Vi-a por uma porta de vidro. Sentada, alternava a arrumação de papéis com as tarefas domésticas de duas bonecas antigas. Separava formulários, carimbava-os, separava pequenas fotografias. Penteava os poucos cabelos das bonecas, ajustava os casaquinhos, sentava-as melhor. E esperava.

O calor, do lado de fora da sua sala, era perturbador. Bebi o resto da água que me sobrava, limpei as sobrancelhas. A menina viu-me. E foi quando a vi melhor.

Imitou-me o estranho gesto. Mas fazia-o com a delicadeza de quem tem o rosto seco. Repetiu o gesto e franziu as sobrancelhas como quem não entende a finalidade da minha manobra. Sorrio. Aponto para as duas bonecas. A menina dispensa a minha atenção com um gesto breve. Não é sobre isso que quer falar. Aponta para as minhas sobrancelhas e espera. Espera que eu saiba explicar o que acabei de fazer.

Da sala ao lado, sob o olhar comovido dos presentes, um jovem entoa um cântico lânguido mas arejado. Imagino que a faleci-

Ouagadougou

»manchmal gehen die Leute, gehen nach so weit weg.
und es erscheint einem nah.«
(das Mädchen auf dem Friedhof)

Die Winzigkeit. Zwischen den Fingern und der ganzen Hand. Blick und Bewegungen ruhig, zielsicher. Erwachsen. In ihrem Frieden hatte sich etwas von Kindheit im Urzustand eingeigelt.

Ich sah sie durch eine Glastür. Sie saß da, räumte abwechselnd Papiere zusammen und erledigte die Hausarbeit für zwei alte Puppen. Legte Formulare zur Seite, stempelte sie, legte kleine Fotografien heraus. Kämmte den Puppen die wenigen Haare, zupfte ihre Jäckchen zurecht, setzte sie besser hin. Und wartete.

Die Hitze außerhalb ihres Raums war verstörend. Ich trank den Rest Wasser, den ich noch hatte, wischte mir über die Augenbrauen. Das Mädchen sah mich. Da konnte ich sie besser sehen.

Sie ahmte meine seltsame Bewegung nach. Doch mit dem Feingefühl einer Person, deren Gesicht trocken ist. Sie wiederholte die Geste und zog ihre Brauen hoch, als verstünde sie den Zweck meiner Handlung nicht. Ich lächle. Deute auf die beiden Puppen. Das Mädchen verzichtet mit einer kurzen Bewegung auf meine Aufmerksamkeit. Es ist nicht das, worüber sie sprechen will. Sie deutet auf meine Augenbrauen und wartet. Hofft, dass ich ihr erklären kann, was ich gerade gemacht habe.

Aus dem Raum nebenan stimmt ein junger Mann unter dem ergriffenen Blick der Anwesenden ein getragenes und doch luftiges

da (a quem a música é dedicada) possa estar a sorrir neste momento.

A menina abre a porta para entender o som. Está extasiada. Poucas vezes ouviu alguém cantar na capela do cemitério. Ou cantar tão bem. Tão leve.

– Muito bom... – diz, devagarinho.

– Muito.

A música termina devagar. Mas não se quer soltar do cemitério. A música não quer ir embora, penso. Nem afastar-se das flores, do céu abrasador. Do labirinto de almas.

– Parece que não se vai embora... A música... – diz a menina.

– Parece.

Mas cessa. Os presentes aplaudem com a devida maciez. A menina aproveita o momento, convida-me a entrar na sua sala. Quase sem me fitar, explica os papéis: formulários, autorizações, certificados, textos para lápides. Dois carimbos. «Fotos de quem já não está entre nós.» A frase é dela.

No seu canto, toca as bonecas. As duas. Na testa. Nas sobrancelhas. Olha para mim.

– Esta aqui está viva... – depois toca a outra, cerimoniosamente.

– Esta já não está entre nós. Sabias?

– Não sabia.

A estranha minúcia, entre os dedos e as mãos. Os gestos calmos. Uma paz dura, que não posso decifrar. Que não quero aceitar: não é possível tanta serenidade.

Sente-se nos corredores o rumor dos mortos. A menina senta-se a um canto. Aconchega as bonecas. A que ainda vive, e a ou-

Singen an. Ich stelle mir vor, dass die Verstorbene (der das Lied gewidmet ist) in diesem Moment vielleicht lächelt.

Das Mädchen öffnet die Tür, um den Klang zu verstehen. Sie ist begeistert. Nicht oft hat sie jemanden in der Friedhofskapelle singen hören. Oder so schön singen. So leicht.

»Sehr gut …«, sagt sie langsam.

»Sehr …«

Das Lied endet langsam. Aber es will sich nicht von dem Friedhof lösen. Die Musik will nicht weg, denke ich. Sich auch nicht von den Blumen, vom sengenden Himmel entfernen. Aus dem Labyrinth der Seelen.

»Anscheinend geht sie nicht weg … die Musik …«, sagt das Mädchen.

»Anscheinend.«

Aber sie endet. Die Anwesenden klatschen mit der gebotenen Milde. Das Mädchen nutzt den Moment und bittet mich zu sich in den Raum. Fast ohne mich anzusehen, erläutert sie die Papiere: Formulare, Genehmigungen, Zertifikate, Grabinschriften. Zwei Stempel. »Fotos von denen, die nicht mehr bei uns sind.« Der Satz stammt von ihr.

In ihrer Ecke berührt sie die Puppen. Beide. An der Stirn. An den Augenbrauen. Sie schaut mich an.

»Die hier lebt …«, dann berührt sie die andere, feierlich. »Die hier ist nicht mehr bei uns. Weißt du?«

»Wusste ich nicht.«

Die seltsame Winzigkeit zwischen Fingern und Händen. Die ruhigen Bewegungen. Ein harter Frieden, den ich nicht entziffern kann. Nicht akzeptieren will: So viel Ruhe ist gar nicht möglich.

In den Gängen ist das Rumoren der Toten zu spüren. Das Mädchen setzt sich in eine Ecke. Sie herzt die beiden Puppen. Die

tra. Agora sim, fita-me nos olhos.

– Eu estou sempre aqui. Vem visitar-me quando quiseres.

Abro a porta. Não me quero devolver ao calor. Quero só olhar o escuro desta menina. A sua voz parece fazer o sacrifício de me empurrar.

– Hummm... – suspira profundamente. – Anda a morrer muita gente... Pelo menos desde que eu nasci.

Lá fora – quente –, o mundo.

noch lebt und die andere. Jetzt schaut sie auch mir in die Augen.

»Ich bin immer hier. Komm mich besuchen, wann immer du willst.«

Ich mache die Tür auf. Will mich nicht der Hitze zurückgeben. Will nur das Dunkel dieses Mädchens sehen. Ihre Stimme scheint mich widerwillig nach draußen zu schieben.

»Hmmmm …«, seufzt sie tief. »Es sterben viele Leute … Jedenfalls seit ich geboren bin.«

Draußen – sehr heiß – die Welt.

Dar es Salaam

Vi que chovia.

Desconheço os meandros dessa poesia que faz uma chuva cair devagar. Nunca indaguei ninguém sobre a não-densidade de tal fenómeno. Gostaria mais de ouvir a resposta de uma criança do que a de um cientista. Só sei que gosto.

Madrugada. Primeiro é a voz.

Depois é a mão sozinha que me prende o olhar. Desacelero o passo. Sei que a mão são três: uma de menina e duas muito antigas. Vejo o que daqui posso ver.

Uma mão. Mais duas. Uma varanda. A noite densa sob o não-luar.

E a voz da criança que ainda não sei bem o que diz.

Quantas imagens me traz esta chuva repentinamente lenta! Sei que existe chuvisco. Pingo. Molha-parvos. Chuva torrencial. Cacimbo. Geada. Mas isto é chuva lenta. Talvez a minha preferida. Talvez. De madrugada, certamente a minha preferida.

Arrasto o passo quanto posso. Evito olhar – mas desconsigo. O velho não me viu. Nem verá.

A menina sim. Quieta. Tem sono? O que faz semidesperta, atravessando esta húmida noite como um viajante acostumado?

Dar es Salaam

Ich sah, dass es regnete.

Ich kenne die Windungen der Poesie nicht, die Regen langsamer fallen lässt. Ich habe nie jemanden zur mangelnden Dichte dieser Erscheinung gefragt. Die Antwort eines Kindes darauf wäre mir lieber als die eines Wissenschaftlers. Ich weiß nur, dass es mir gefällt.

Morgendämmerung. Erst ist die Stimme.

Dann ist es die einsame Hand, die meinen Blick fesselt. Ich verlangsame meine Schritte. Ich weiß, dass die Hand drei sind: eine von einem Mädchen und zwei sehr alte. Ich sehe, was ich von hier aus erkennen kann.

Eine Hand. Noch zwei. Eine Veranda. Die finstere Nacht unter keinem Mond. Und die Kinderstimme, von der ich noch nicht genau weiß, was sie sagte.

Wie viele Bilder bringt mir dieser andauernd langsame Regen! Ich weiß, dass es Niesel gibt. Tröpfeln. Schauer. Sturzregen. Tiefnebel. Raureif. Aber das hier ist langsamer Regen. Mein liebster wahrscheinlich. Vielleicht. Kurz vor Tagesanbruch sicher mein liebster.

Ich schlurfe so langsam ich kann. Vermeide zu schauen – schaffe es aber nicht. Der Alte hat mich nicht gesehen. Wird er auch nicht.

Aber das Mädchen. Still. Ist sie müde? Was macht sie da halb wach und verbringt diese feuchte Nacht wie ein erfahrener Reisender? Woher weiß sie, dass ich absichtlich langsamer gehe, um et-

Como sabe que atraso o passo para saber dela, das mãos, do que a sua voz imprime no corpo da nossa madrugada?

Agora sei o que diz. Sorrio. Páro.

Tenho um misto de vergonha e timidez por não lhe saber dar uma resposta. Poderia fazê-lo, sem dúvida. Mas como negar a uma criança o meu mais sincero silêncio, entre o atónito e o embaraçado, que a sua súplica me deixa?

O que me faz voltar a caminhar é o abandono: a chuva abandonou a sua lentidão. A chuva – agora – quer chover. Nem eu, nem a criança, nem o velho, ninguém pode abrandar a chuva. Ela quer chover, ela vai chover: a chuva.

Fazia madrugada em nós. Naquela varanda. Naquela voz. E na gaiola arejada.

A menina repetiu:

– E o meu passarinho? Aonde foi o meu passarinho...?

was von ihr zu erfahren, von ihren Händen, was ihre Stimme in den Leib unserer Dämmerung prägt?

Jetzt weiß ich, was sie sagt. Lächle. Bleibe stehen.

Ihr nicht antworten zu können, macht mich halb verlegen, halb schüchtern. Ich könnte es ja, zweifellos. Aber wie könnte ich einem Kind mein aufrichtigstes Schweigen versagen, zwischen sprachlos und betreten, wie es sein Flehen mich macht?

Was mich weitergehen lässt, ist Verlassenheit: Der Regen hat seine Langsamkeit aufgegeben. Nun regnet er – wirklich. Weder ich, noch das Kind, noch der Alte, niemand von uns kann den Regen aufhalten. Er will regnen, er wird regnen: Regen.

In uns war Dämmerung. Auf dieser Veranda. In dieser Stimme. Und in dem luftigen Käfig.

Das Mädchen sagte noch einmal:

»Und mein Vogel? Wo ist mein Vögelchen hin …?«

Siena

Primeiro vi a trança. E foi isso o mais estranho: era como se a trança se adiantasse à mulher. Só depois reparei no olhar-em-poço e nas mãos. Sobretudo, era a palavra suavidade que a precedia.

À trança, não pude sequer atribuir uma medida aproximada. Longa, semienrolada, parecia viva. De coloração cinza – mas inquieta, irregular. Uma serpente desadormecida.

– Nem que você fosse um adivinho.

A mulher sentou-se. Repetiu a frase em mais duas línguas.

Leu, no meu olhar, que eu entendia espanhol. Perguntou-me de onde eu era. Respondi «caluanda» para a confundir. Mas simplesmente repetiu a frase em perfeito português:

– Você não saberia dizer a minha idade nem que fosse um adivinho.

Ajeitou a trança pela lateral esquerda do pescoço, mas a mesa não permitia que eu visse a ponta da cobra cinzenta. Pequeníssimos objetos metálicos e talvez missangas adornavam o corpo da trança.

– Eu nunca tentaria acertar a sua idade. Conheço os meus limites na arte do cálculo subjetivo.

Fui traído ao tentar disfarçar a mirada. Nem o corpo, nem a pele das mãos ou o em-torno dos olhos, nem o cabelo, nada naquela combinação me ajudaria a deduzir o que quis imaginar.

Siena

Als Erstes sah ich den Zopf. Und das war das Merkwürdigste: als hätte sich der Zopf vor die Frau gedrängt. Erst dann fielen mir ihr tiefer Blick und die Hände auf. Vor allem das Wort Sanftheit ging ihr voraus.

Dem Zopf konnte ich nicht einmal annähernd eine Länge beimessen. Lang, halb zusammengerollt, schien er zu leben. Grau – aber unruhig, unregelmäßig. Eine erwachende Schlange.

»Nicht einmal, wenn Sie Hellseher wären.«

Die Frau setzte sich. Wiederholte den Satz in zwei weiteren Sprachen.

In meinem Blick las sie, dass ich Spanisch verstand. Fragte mich, woher ich sei. Ich antwortete »caluanda«, um sie zu verwirren. Aber sie sagte es nur noch einmal in perfektem Portugiesisch:

»Mein Alter würden Sie nie erraten, selbst wenn Sie Hellseher wären.«

Sie legte sich den Zopf seitlich links um den Hals, aber der Tisch ließ mich nicht das Ende der grauen Schlange sehen. Winzige metallene Objekte und vielleicht Glasperlen schmückten den Körper des Zopfs.

»Ich würde niemals versuchen, Ihr Alter zu raten. Ich kenne meine Grenzen in der Kunst subjektiver Berechnungen.«

Ich war verraten worden bei dem Versuch, meinen Blick zu verschleiern. Weder ihr Körper, noch die Haut ihrer Hände oder die Umgebung ihrer Augen, nicht einmal ihr Haar, nichts an der Kombination würde mir helfen zu raten, was ich mir vorstellen wollte.

– Muito mais.

– Como?

– Muito mais do que aquilo que poderá supor. Ou crer. Empreste-me o seu isqueiro.

Pediu água quente, «a ferver!», e duas chávenas grandes. Acendeu o seu cigarro de marca desconhecida. Quando chegou a água, depois de encher ambos os recipientes, deitou neles uma erva nada aromática.

Provou longamente como se fosse imune à temperatura, sinalizando que, em sendo algo venenoso, partilhava comigo as consequências daquele risco. Bebi também, embora me tenha queimado. O sabor, desagradável apenas no início, lembrava o encontro de ginseng com ervas vermelhas.

– Chá de frutas distantes – murmurou. – Para que esta conversa dure apenas o que nos for necessário.

– Compreendo – disse eu, julgando que se tratava de uma simples brincadeira.

– Será você um adivinho?

– Não. Apenas um curioso.

– O que deseja saber neste momento?

– O comprimento da sua trança.

– Não é preciso ser adivinho para pressentir que não lhe posso ceder essa informação.

– É verdade. Desculpe.

Acendeu outro cigarro. Passou-o para a minha mão. Por alguma razão tive mais medo do fumo do que do chá. O meu receio não era infundamentado: era o melhor tabaco do mundo. Nem mesmo as palavras macia ou suave se aproximam da sensação que experimentei. E nada é mais cruel do que experimentar o que nunca mais voltaremos a encontrar.

»Viel älter.«

»Wie bitte?«

»Viel älter, als Sie sich vorstellen könnten. Oder glauben. Geben Sie mir mal ihr Feuerzeug.

Sie bestellte heißes Wasser, »kochend!« und zwei große Tassen. Sie steckte sich eine Zigarette einer unbekannten Marke an. Als das Wasser kam, gab sie, nachdem sie beide Tassen gefüllt hatte, ein alles andere als aromatisches Kraut hinein.

Sie kostete lang, als sei sie immun gegen die Temperatur, und zeigte damit, dass sie für den Fall, dass es etwas Giftiges wäre, die Folgen des Risikos mit mir teilte. Ich trank auch, auch wenn ich mich dabei verbrühte. Der Geschmack, nur anfangs unangenehm, erinnerte an die Begegnung von Ginseng mit roten Kräutern.

»Tee aus fernen Früchten«, murmelte sie. »Damit diese Unterhaltung nur so lange dauert wie für uns beide nötig.«

»Verstehe«, sagte ich in dem Glauben, es handele sich um einen einfachen Spaß.

»Sind Sie doch Hellseher?«

»Nein, nur neugierig.«

»Was wollen Sie gerade wissen?«

»Wie lang Ihr Zopf ist.«

»Man braucht kein Hellseher zu sein, um sich denken zu können, dass ich Ihnen das nicht sagen kann.«

»Das ist wahr. Bitte entschuldigen Sie.«

Sie steckte noch eine Zigarette an. Gab sie mir in die Hand. Aus einem bestimmten Grund fürchtete ich mich mehr vor dem Rauch als vor dem Tee. Meine Befürchtung war nicht unbegründet: Es war der beste Tabak der Welt. Nicht einmal die Worte weich oder sanft kommen dem nahe, was ich empfand. Und nichts ist grausamer als zu empfinden, was man nie wieder erleben wird.

Fumei devagar, enquanto a mulher falou.

– Idades revelam factos. Mas é bem verdade, como já irá entender, que certos lugares ou nomes também lhe poderão falar da minha idade. Prepare-se para não acreditar no que lhe vou dizer. Como um antídoto. Só assim poderá reter algumas coisas e fazer delas o que bem entender. Tenho para mim que é a prudência que o conduzirá quando quiser lembrar-se de mim.

Olhei de novo para a trança, que se movia. Claro que posso sempre querer pensar que era o movimento do seu crânio que dava movimento à serpente. Algumas missangas pareciam brilhar mas prefiro pensar que era o reflexo da luz solar.

– Não adianta contar. Olhar. Tentar reter.

A única coisa que pode fazer é escutar. Para matar a sua curiosidade, previno-o desde já: não sou imortal. Nunca conheci um ou uma que o fosse. Busco na verdade encontrar um casal, no tempo atual, com quem devo falar. Vendo-o de longe, algo na sua aura me fez pensar que pudesse ser você. Mas quando trocámos olhares, entendi que não. Além de que ela teria que estar por perto e você, nitidamente, é uma pessoa desacompanhada por fora e por dentro.

– Se eu não sou esse, porque estamos aqui, agora, a falar?

– Porque me enganei duplamente. Você também não é o ser comum que de seguida me pareceu. Você é um escrivão.

– De profissão? Olhe que…

– Não. De condição. Por isso há de registar o pouco de que se vai lembrar.

Ich rauchte langsam, während die Frau sprach.

»Alter deckt Tatsachen auf. Aber wahr ist, wie Sie gleich verstehen werden, dass bestimmte Orte oder Namen Ihnen auch etwas über mein Alter verraten. Machen Sie sich bereit, nicht zu glauben, was ich Ihnen erzähle. Als Gegengift. Nur so werden Sie einige Dinge davon behalten können und mit ihnen machen, was Sie wollen. Aus meiner Sicht ist es Vorsicht, die Sie leiten wird, wenn Sie sich an mich erinnern wollen.

Ich schaute wieder auf den Zopf, der sich bewegte. Natürlich kann ich jederzeit denken wollen, dass es die Bewegung ihres Kopfes war, die die Schlange in Bewegung versetzte. Einige Glasperlen schienen zu funkeln, aber ich stelle mir lieber vor, dass es das Spiegeln des Sonnenlichts war.

»Es hat keinen Sinn zu erzählen. Zu schauen. Zu behalten versuchen. Das einzige, was Sie tun können, ist zuhören. Um Ihre Neugier zu befriedigen, warne ich Sie vorab: Ich bin nicht unsterblich. Ich habe nie jemanden getroffen, der oder die es war. Tatsächlich suche ich in der Gegenwart nach einem Paar, mit dem ich sprechen muss. Von weitem ließ mich etwas in Ihrer Aura glauben, dass Sie es sein könnten. Aber als sich unsere Blicke begegneten, wusste ich, dass es nicht so ist. Abgesehen davon, dass sie dann ja in der Nähe sein müsste, und Sie sind buchstäblich eine von innen und außen unbegleitete Person.«

»Wenn ich es nicht bin, warum sind wir dann hier, gerade jetzt, und unterhalten uns?«

»Weil ich mich doppelt getäuscht habe. Sie sind auch kein gewöhnliches Wesen, wie ich dann geglaubt habe. Sie sind ein Schreiber.«

»Von Beruf? Also ich …«

»Nein, aus Berufung. Deswegen müssen Sie das wenige aufzeichnen, an das Sie sich erinnern.«

Distraído, queimei-me com o cigarro. Apaguei-o. Quando fui dar uma última mirada à trança, ela quase já não estava lá. A mulher, veloz, levantara-se e deixara sobre a mesa um último cigarro.

– Acenda-o só depois de me perder de vista.

– E o casal?

– Não sei. Nunca sei. Mas sempre encontro quem tenho de encontrar.

– É uma boa ou má notícia a que tem para eles?

A mulher com a trança comprida que não se podia medir, mostrou-se, pela primeira vez, desarmada e surpreendida. Eu tinha tocado, muito sem querer, na ponta de alguma verdade.

– Só eles sabem. Mas venho para os separar.

A mulher queria afastar-se. Permitiu-me ainda que indagasse:

– Você tem o poder de separar casais?

– Em geral, não. Mas fui eu que juntei este. Você deve conhecê-los. Um par muito romântico – disse.

– Romeu e Julieta? – brinquei.

– Precisamente. Fui eu que os apresentei. Agora que sabe o comprimento da minha trança tenho mesmo que partir.

– Um derradeiro pedido? – tentei.

– Já lhe deixei o último cigarro. Você está a quebrar demasiadas regras.

– Troco o cigarro por um conselho seu. O mais sincero.

Aus Versehen verbrannte ich mich an der Zigarette. Ich drückte sie aus. Als ich einen letzten Blick auf den Zopf werfen wollte, war sie fast schon nicht mehr da. Schnell hatte die Frau sich erhoben und eine letzte Zigarette auf dem Tisch liegengelassen.

»Stecken Sie sie an, wenn Sie mich aus dem Blick verloren haben.«

»Und das Paar?«

»Ich weiß nicht. Ich weiß nie. Aber ich finde immer, was ich zu finden habe.«

»Ist es eine gute oder eine schlechte Nachricht, die Sie für die beiden haben?«

Die Frau mit dem langen Zopf, der sich nicht messen ließ, wirkte zum ersten Mal entwaffnet und überrascht. Ich hatte wohl, ohne es zu wollen, den Zipfel einer Wahrheit berührt.

»Das wissen nur sie. Aber ich komme, um sie zu trennen.«

Die Frau wollte weggehen. Sie gestattete mir aber noch zu fragen:

»Haben Sie die Macht, Paare auseinanderzubringen?«

»Für gewöhnlich nicht. Aber das Paar habe ich auch zusammengebracht. Sie müssten sie kennen. Ein sehr romantisches Paar«, sagte sie.

»Romeo und Julia?«, fragte ich scherzhaft.

»Ganz genau. Ich habe sie miteinander bekannt gemacht. Jetzt, wo Sie wissen, wie lang mein Zopf ist, muss ich wirklich gehen.«

»Ein letzter Wunsch?«, versuchte ich es.

»Ich habe Ihnen schon die letzte Zigarette gelassen. Sie brechen zu viele Regeln.«

»Ich tausche die Zigarette gegen einen Rat von Ihnen. Den aufrichtigsten.«

Pegou no cigarro, acendeu-o. Tragou profundamente.

Tive medo que ela rebentasse ali, à minha mesa. Inalou mais fumo. Reteve-o por muito tempo. Esperei que algum fumo lhe saísse pelos olhos. Expirou. Apagou o cigarro asfixiando a brasa com a ponta do dedo indicador.

– Dispa o seu peito dessa brutal solidão. Adeus.

Sie nahm die Zigarette, zündete sie an. Nahm einen tiefen Zug.

Ich fürchtete, sie würde platzen, hier an meinem Tisch. Sie inhalierte noch mehr Rauch. Hielt ihn für lange Zeit ein. Es hätte mich nicht gewundert, wenn ihr etwas Rauch aus den Augen kommen wäre. Sie atmete aus. Dann drückte sie die Zigarette aus und erstickte die Glut mit der Spitze ihres Zeigefingers.

»Nehmen Sie diese heftige Einsamkeit von Ihrer Brust. Wiedersehen.«

Moçâmedes

«Azul? Essa cor toda enorme...»
(a criança)

Já pouco se movem os corpos no fim desta tarde. Ouço vozes que terão vindo de outros lugares.

A verdade é que isso me incomoda. Prefiro vozes que condigam com aquilo que olho. De repente, ou do calor ou do vinho, já não sei bem da geografia do lugar onde me encontro.

Pequenas palavras caem como pingos de chuva. Pequenas ideias, murmúrios de sonhos, restos de coisa dita superficialmente. Talvez a minha missão nesta cidade seja catar estes restos e montar um puzzle maior. Talvez eu não tenha missão alguma. Talvez eu não esteja aqui. E o pior de não se estar num lugar é o esforço de definir um outro lugar onde se esteja.

– Usa uma âncora...

A frase, antiga, é do meu avô paterno. O pescador.

– Ferra a âncora – ouço-o dizer-me.

Defino, com esforço, que ele esteja aqui comigo. Agora. Mas a âncora é o presente. Ele talvez seja a canoa. Ou ele – ou eu.

Ancorar-me. Olhar o que posso ver, ajustar as vozes aos corpos. Encaixar o que foi – fôr – dito aos corpos que respiram e

Moçâmedes

»Blau? Diese insgesamt riesige Farbe ...»
(das Kind)

Kaum noch bewegen sich die Gestalten am Ende des Nachmittags. Ich höre Stimmen, die wohl von anderen Orten gekommen sind.

Ja, so etwas ärgert mich. Lieber höre ich Stimmen, die zu dem passen, was ich sehe. Plötzlich, ob von der Hitze oder vom Wein, weiß ich gar nicht mehr wirklich, wo der Ort liegt, an dem ich gerade bin.

Kleine Worte fallen wie Regentropfen. Kleine Ideen, Gemurmel aus Träumen, Reste von oberflächlich gesprochenen Dingen. Vielleicht ist es meine Aufgabe in dieser Stadt, diese Reste zu suchen und zu einem größeren Puzzle zusammenzusetzen. Vielleicht habe ich auch gar keine Aufgabe. Vielleicht bin ich auch gar nicht da. Und das Schlimmste daran, an einem Ort nicht zu sein, ist die Mühe, einen anderen festzulegen, an dem man ist.

»Nimm einen Anker ...«

Der alte Satz ist von meinem Großvater väterlicherseits. Dem Fischer.

»Wirf den Anker«, höre ich ihn zu mir sagen.

Ich beschließe mit Mühe, dass er hier bei mir ist. Jetzt. Der Anker aber ist die Gegenwart. Er kann das Boot sein. Er oder ich.

Mich verankern. Schauen, was ich sehen kann, die Stimmen mit den Gestalten in Einklang bringen. Einordnen, was zu den

se movem. Libertar-me do calor e do peso. Não ser um, mas «mais um».

– Ferra a âncora, agora!

Obedeço. Humedeço os olhos com o tom da sua voz. Eu queria uma estória. Um estória de pescador. O que elas têm de mágico é quase sempre fugirem ao banal. Lembro-me de pensar isto desde criança: são de verdade as estórias dos pescadores. São sempre simples. São sempre breves. Límpidas. São belas sem se afastarem da textura do sal. A pele queimada, limpa: é isso que lembram as estórias dos pescadores.

Ferrei a âncora. Encontrei sons e sorrisos correspondentes. As vozes reencontraram-se com as bocas presas aos corpos. Respiro ainda devagar.

Na curva de uma chávena, vejo o reflexo do meu rosto. Sou uma criança sentada a rir das estórias breves do meu avô. E outra. E outra mais.

– Há muito silêncio nas tuas estórias. Nos teus dias. No teu mar – provoco.

– É uma âncora. Tu gostas de palavras. Nunca serias pescador. Talvez poeta. Se eu disser «azul», tu vês o quê? – o meu avô fez uma cara de pele queimada.

Não respondi. Fiquei quieto. Os corpos moviam-se ao fim da tarde.

Ele insistia com essas palavras em pingos de chuva:

– Eu vejo o céu. Só o meu céu. Azul e simples.

Humedeço os olhos com o tom da sua voz. Ele não tinha fugido ao banal. Mas, dito por um pescador, já não era banal.

Gestalten gesagt wurde – wird –, die atmen und sich bewegen. Mich von der Hitze und der Last befreien. Nicht mehr eins sein, sondern »einer mehr«.

»Wirf den Anker, jetzt!«

Ich gehorche. Meine Augen werden vom Klang seiner Stimme feucht. Ich hätte gern eine Geschichte. Eine Fischergeschichte. Das Magische an diesen ist beinahe immer, dass sie nicht banal sind. Ich weiß, dass ich fast seit meiner Kindheit schon denke: Die Geschichten der Fischer sind wirklich. Sind immer einfach. Sind immer kurz. Rein. Schön, ohne sich von der Oberfläche des Salzes zu lösen. Verbrannte, reine Haut: Daran erinnern die Geschichten der Fischer.

Ich warf den Anker. Traf auch Töne und Lächeln, die zueinanderpassten. Die Stimmen trafen sich mit den Mündern, die zu den Körpern gehören. Immer noch atme ich langsam.

In der Wölbung einer Tasse spiegelt sich mein Gesicht. Ich bin ein Kind, das sitzt und über die kurzen Erzählungen meines Großvaters lacht. Über noch eine. Und noch eine.

»Es ist viel Stille in deinen Geschichten. In deinen Tagen. Auf deinem Meer«, provoziere ich ihn.

»Das ist ein Anker. Du magst Worte. Du wirst nie Fischer sein. Vielleicht Dichter. Wenn ich ›blau‹ sage, was siehst du dann?« Mein Großvater machte ein Gesicht wie verbrannte Haut.

Ich gab keine Antwort. Blieb still. Die Gestalten bewegten sich gegen Ende des Nachmittags.

Er beharrte auf diesen Worten wie Regentropfen:

»Ich sehe den Himmel. Nur meinen. Blau und schlicht.«

Meine Augen werden vom Klang seiner Stimme feucht. Er hatte sich nicht vor Banalem gedrückt. Aber aus dem Mund eines Fischers war es nicht mehr banal.

– Para mim «azul» pode ser a parte de dentro das pessoas – murmuro eu.

Ferro a âncora. Deixo que a voz reencontre o meu corpo. Talvez eu não esteja aqui, em Moçâmedes, com o meu avô.

De repente, já posso respirar fundo.

»Für mich kann ›blau‹ das Innere des Menschen sein«, murmele ich.

Ich werfe den Anker. Lasse die Stimme zu meinem Körper zurückfinden. Vielleicht bin ich gar nicht hier, in Moçâmedes bei meinem Großvater.

Auf einmal kann ich wieder tief atmen.

guardamos o lugar

—

wir bewahren den ort

Laranjeiras

...que era uma estória
que a enfermeira um dia se lembrou de me contar

Havia flores por todos os cantos. Sorrisos tristes, velados – a não ser que alguém, algum dia, decidisse partilhar o segredo.

O padrinho tinha ordenado as flores. Era o que se dizia. Entre as enfermeiras e outros pacientes, o que se lia era uma alternância entre lágrimas e contentamento. E a palavra «padrinho». E as flores, muitíssimas. Nas casas de banho, corredor, janelas, em todos os quartos daquele piso.

Para espanto meu, o padrinho ainda ali estava. Molhava as flores. Compunha um jarro e – de trás, juro! – era a figura do Zeca Diabo. De frente, quando se virou, era ainda mais o Zeca Diabo. Ou, como direi para melhor dizer?, era ele mesmo. O próprio.

Tinha envelhecido umas décadas, o bigode agora esbranquiçado, mas o mesmo ar perigoso e pueril, as mesmas mãos desajeitadas, a mesma hesitação na voz. Até uma pistola à cintura.

Não soube resistir:

– Zeca Diabo...?

Agora de frente, de tão perto, via-lhe os olhos tão encarnados que me era custoso não absorver tanta tristeza. A voz de Lima Duarte soou inconfundível:

Laranjeiras

... eine Geschichte,
die mir einmal die Krankenschwester erzählt hat

Überall waren Blumen. Trauriges Lächeln, verstohlen – es sei denn, jemand entschlösse sich, irgendwann das Geheimnis preiszugeben.

Die Blumen hatte der Pate bestellt. Hieß es. Bei den Krankenschwestern und den anderen Patienten waren abwechselnd Tränen und Freude zu sehen. Und das Wort »Pate«. Und die Blumen, sehr viele. Auf den Toiletten, im Flur, vor den Fenstern, in allen Zimmern des Stockwerks.

Zu meinem Erstaunen war der Pate noch immer da. Er goss die Blumen. Er zupfte eine Vase zurecht und – von hinten, ich schwöre es – war er das Abbild von Zeca Diabo*. Von vorn, als er sich umdrehte, war er noch mehr Zeca Diabo. Oder wie soll ich sagen, um es besser auszudrücken?, er war es selbst. Leibhaftig.

Er war ein paar Jahrzehnte gealtert, der Schnurrbart jetzt grau, aber er wirkte noch immer gefährlich und bubenhaft, dieselben linkischen Hände, dasselbe Zögern im Sprechen. Sogar eine Pistole am Gürtel.

Ich konnte nicht anders:

»Zeca Diabo?«

Nun von Angesicht und aus der Nähe, sah man ihm in die so roten Augen, dass es mich Überwindung kostete, soviel Traurigkeit nicht in mir aufzunehmen. Die Stimme von Lima Duarte klang unverwechselbar:

– Zeca Diabo... ou Sinhozinho Malta... Depende do dia.

– Do dia?

Continuava a arranjar as flores. Mexia nelas com ligeireza.

Eu, confesso, não sabia o que sentir. Ele passou-me um ramo volumoso para as mãos e colaborei no que eu não sabia o que fosse ser aquilo.

Esperei, calado. Ajudei. O colete azul, talvez isso, fosse um adereço do Sinhozinho. Mas o resto era o Zeca...! Era o Zeca ao vivo... – a mexer nas flores, a fungar do nariz, a limpar as lágrimas.

– Meu afilhado que morreu... – disse, ao fim de meia hora.

Não soube o que dizer. O meu ímpeto era perguntar pelo Seu Dirceu, esse borboletista militante, etéreo. Depois, perguntaria pelo Odorico. Num terceiro momento eu quereria falar com o próprio Sinhozinho e perguntar notícias da Dona Lulu. E aquilo saiu-me assim:

– O senhor sabe que eu sou angolano?

– Você também...? – um mínimo sorriso nasceu no canto da boca de Zeca Diabo.

Quem seria o outro?

– É você o padrinho que trouxe as flores? – tentei recomeçar.

Ele sentou-se.

– Eu mesmo.

– Mas... Quem era o afilhado...? Ainda não entendi.

– Era o angolano.

»Zeca Diabo … oder Sinhozinho Malta … kommt auf den Tag an.«

»Welchen Tag?«

Er arrangierte weiter die Blumen. Hantierte geschickt an ihnen herum.

Ich wusste nicht, wie mir war, muss ich zugeben. Er gab mir einen riesigen Blumenstrauß in die Hände, und ich beteiligte mich an dem, von dem ich nicht wusste, was es sein sollte.

Wartete, schweigend. Half. Der blaue Kragen, vielleicht der, konnte ein Hinweis auf Sinhozinho sein. Aber alles andere war Zeca …! Zeca live … - wie er sich an den Blumen zu schaffen machte, wie er die Nase hochzog, wie er sich Tränen wegwischte.

»Mein Patenkind ist gestorben …« sagte er nach einer halben Stunde.

Ich wusste nicht, was ich sagen sollte. Es drängte mich, nach Herrn Dirceu zu fragen, dem besessenen ätherischen Schmetterlingssammler. Dann wollte ich mich nach Odorico ** erkundigen. Als Drittes wollte ich mit Sinhozinho selbst sprechen und fragen, wie es Dona Lulu geht. Und so brachte ich es heraus:

»Wissen Sie, dass ich Angolaner bin?«

»Sie auch …?« - ein winziges Lächeln entstand in Zeca Diabos Mundwinkel.

Wer mochte der andere sein?

»Sind Sie dieser Pate, der all die Blumen gebracht hat?«, versuchte ich noch einmal neu anzufangen.

Er setzte sich.

»Ja, das bin ich.«

»Aber… Wer war das Patenkind? Das habe ich noch nicht verstanden.«

»Der Angolaner.«

Respirei fundo. Às vezes respirar é a chave que nos abre o futuro. Olhei as botas gastas, as pulseiras, o chicote preso no pulso. Só faltava que lá fora estivesse o seu cavalo. Sentado ao meu lado, juro mesmo: nada mais nada menos do que Zeca Diabo!

– O meu afilhado... Era um rapaz que tava por aqui... Foram muitos meses. Me chamava de «padrinho», me contava estórias da sua terra. Ele era de Benguela e tinha esse sorriso lindo, a gente brincava que era o sorriso banguela de Benguela. Você sabe o que é um sorriso banguela?

– Eu sei, sim.

Zeca Diabo falava comigo. Dirigia-me a palavra.

Não desmaiei porque estava sentado e desmaiado não conseguiria ouvi-lo.

– Mas ele não era banguela – prosseguiu. – Era brincadeira nossa, não eram os dentes, não... Era o sorriso todo dele que era banguela.

Senti um vazio por tudo o que não conheci. Agora chegava-me uma brutal saudade no avesso das coisas que não tinha vivido. Eu não conheci o afilhado dele de Benguela. Apreendi pela voz o que foram os últimos meses destas duas criaturas. O afilhado e o Zeca.

– Ele partiu esta manhã – as flores tremem na voz de Zeca Diabo.

A última vez que vi este olhar no seu rosto, foi quando ele descobriu, no meio de uma inocência forçada, que a irmã dele era, na realidade, uma prostituta, «mulher da vida». Que o seu passado, de fugas e tiroteios, de mortes e remorsos, todo esse passado

Ich holte tief Luft. Manchmal ist Atmen der Schlüssel, der uns die Zukunft eröffnet. Ich schaute auf seine abgetretenen Stiefel, die Armbänder, die Peitsche an seinem Handgelenk. Es fehlte nur noch, dass draußen sein Pferd stand. Neben mir saß, ich schwöre es, wirklich: kein Geringerer als Zeca Diabo!

»Mein Schützling … Ein Junge, der hier war … Viele Monate lang. Er nannte mich ›Pate‹, erzählte mir Sachen aus seinem Land. Er war aus Benguela und hatte so ein hübsches Lächeln, aus Spaß sagten wir, es sei das zahnlose Lächeln Benguelas. Benguela, banguela, verstehen Sie? ***

»Ich weiß.«

Zeca Diabo redete mit mir. Richtete das Wort an mich. Ich brach nur deswegen nicht zusammen, weil ich schon saß, und bewusstlos hätte ich ihm nicht zuhören können.

»Er hatte aber gar keine Zahnlücke«, fuhr er fort. »Das war so ein Spiel zwischen uns, hatte gar nichts mit Zähnen zu tun …« Es war sein ganz eigenes Lächeln, das zahnlos, *banguela* war.

Mich überkam eine Leere von allem, was ich nicht kannte. Dann überwältigte mich eine heftige Sehnsucht genau nach dem Gegenteil von all dem, was ich nicht erlebt hatte. Ich kannte sein Patenkind aus Benguela nicht. Aus seiner Stimme erkannte ich, wie die letzten Monate der beiden gewesen waren, die des Patenkinds und von Zeca.

»Heute früh ist er von uns gegangen.« Die Blumen zitteren in Zeca Diabos Stimme.

Das letzte Mal, dass ich diesen Blick in seinem Gesicht gesehen hatte, war, als er mit bemühter Unbedarftheit herausfand, dass seine Schwester in Wirklichkeit Prostituierte war, »Lebedame«. Dass seine Vergangenheit aus Flucht und Schießereien, Toten und Schuldgefühlen, diese ganze Vergangenheit, in der

em defesa da honra da «mana pequena», afinal, tinha sido um enorme arco sem flecha, nem mãos, nem direção.

Tudo o que quis naquele momento foi saber abraçar Zeca Diabo. Mas há dias que não sabemos descobrir o caminho de um simples afago.

– Veja bem, senhor Zeca Diabo... – hesitei. – O senhor é uma pessoa muito querida em Angola.

– Obrigado.

– Um dia, com calma, se o senhor puder, gostaria de ouvir esta estória toda.

– Isso aqui não é uma estória, não... É a vida mesmo – agora a voz parecia a de Sinhozinho Malta.

– Com todo o respeito, deixe-me dizer-lhe que é a mesma coisa.

Lima Duarte fungou do nariz, tentava enxugar as lágrimas para dentro. Coçou o bigode e tive medo que a qualquer momento Zeca Diabo sacasse da arma e invocasse o padrinho «padeciço» para ameaçar alguém.

Recuperou a respiração. Era outro.

– Talvez você esteja certo. Como é seu nome mesmo?

– Não tem importância. Temos vários nomes.

Veja o senhor mesmo, eu não sei se hei de chamá-lo Zeca Diabo, Sinhozinho, Lima Duarte. Somos vários. Acho que o senhor entende se eu lhe disser isso.

– E você é angolano, é?

– Sou sim.

– E o que faz neste hospital?

– Não sei. A verdade é que não sei.

Zeca Diabo levantou-se e deixou nas minhas mãos o enorme ramo de flores amarelo.

er die Ehre seiner „kleinen Schwester" verteidigt hatte, letztlich ein riesiger Bogen ohne Pfeil gewesen war, ohne Hände und ohne Ziel.

Alles, was ich in diesem Augenblick wollte, war Zeca Diabo umarmen zu können. Aber es gibt Tage, da wissen wir nicht, wo der Weg einer einfachen Zärtlichkeit verläuft.

»Sehen Sie, *senhor* Zeca Diabo …« zögerte ich. »In Angola sind Sie eine sehr beliebte Person.«

»Danke.«

»Irgendwann würde ich gern, wenn Sie können, die ganze Geschichte hören.«

»Das hier ist keine Geschichte, nein … Es ist das Leben.« Nun klang die Stimme wie die von Sinhozinho Malta.

»Bei allem Respekt, lassen Sie mich Ihnen sagen, dass beides dasselbe ist.«

Lima Duarte zog die Nase hoch, versuchte, die Tränen nach innen zu trocknen. Er kratzte sich am Schnurrbart, und ich fürchtete, Zeca Diabo könne jeden Augenblick seine Waffe ziehen und im Namen des Paten »padeciço****« jemanden bedrohen.

Er bekam wieder Luft. War wieder ein anderer.

»Vielleicht haben Sie recht. Wie war Ihr Namen nochmal?«

»Das ist nicht wichtig. Wir haben viele Namen. Nehmen Sie nur sich selbst, ich weiß nicht, ob ich Sie Zeca Diabo nennen soll, Sinhozinho oder Lima Duarte. Wir sind viele. Ich glaube, Sie verstehen, was ich meine.«

»Und Sie sind Angolaner, richtig?«

»Ja, bin ich.«

»Und was tun Sie hier im Krankenhaus?«

»Ich weiß nicht. Ich weiß es tatsächlich nicht.«

Zeca Diabo stand auf und überreichte mir einen riesigen gelben Blumenstrauß.

– Me diga uma coisa: por acaso você conhece Benguela?

– Conheço, sim. Estive lá algumas vezes. Tenho família lá.

– É um lugar lindo, não?

Como caluanda, a minha resposta natural seria «não tão lindo quanto Luanda», mas consegui conter-me. Sorri apenas.

– Meu afilhado me falava do mar e das árvores. Uma cidade cheia de acácias.

Os olhos brilhavam. Ele não conseguia sair dali.

– O senhor precisa de descansar – foi o que consegui dizer.

– Sim. Tá na hora. Mas, me diz uma coisa...

– Diga.

– E uma tal de piscina, uma estória que ele falava sempre... É verdade?

– Uma piscina?

– Uma piscina de coca-cola que tinha lá em Benguela. Essa estória é verdade?

– Senhor Zeca Diabo... Isso, em Angola, não é uma estória. É a vida mesmo.

E Lima Duarte, Sinhozinho Malta, Zeca Diabo, assim do nada, abraçou-me. Nunca, em toda a minha vida anterior, eu poderia ter adivinhado que algum dia, nalgum corredor de hospital, Zeca Diabo me iria abraçar daquele modo aberto e enfraquecido. Mas era ele quem buscava o abraço; embora, na minha leitura angolana, fosse eu o abraçado.

Não resisti:

– Sinhozinho... – consegui dizer. – O senhor achava bem o modo como o Zé das Medalhas tratava a Dona Lulu?

»Verraten Sie mir eins: Kennen Sie etwa Benguela?«

»Ja, kenne ich. Ich war schon ein paar Mal dort. Ich habe dort Verwandte.«

»Ein schöner Ort, oder?«

Meine natürliche Antwort als »caluanda« wäre »nicht so schön wie Luanda« gewesen, aber ich hielt mich zurück. Und beließ es beim Lächeln.

»Mein Patenkind hat mir vom Meer und von den Bäumen erzählt. Eine Stadt voller Akazien.«

Seine Augen glänzten. Er konnte nicht von dort weg.

»Sie müssen sich ausruhen«, gelang es mir zu sagen.

»Ja. Es ist Zeit. Aber sagen Sie mir …«

»Bitte?«

»Ein Schwimmbad dort, eine Geschichte, die er immer erzählt hat … stimmt das?«

»Ein Schwimmbad?«

»Ein Schwimmbecken voll Coca-Cola, das dort in Benguela sein soll. Stimmt die Geschichte?«

»Herr Zeca Diabo … In Angola ist das keine Geschichte, sondern das Leben selbst.«

Und aus heiterem Himmel umarmte mich Lima Duarte, Sinhozinho Malta oder Zeca Diabo. Nie in meinem ganzen bisherigen Leben hätte ich mir vorgestellt, dass mich irgendwann auf dem Flur eines Krankenhauses Zeca Diabo umarmen würde, so offen und so gebrechlich. Doch er war es, der die Umarmung suchte, auch wenn in meiner angolanischen Lesart ich der Umarmte war.

Ich konnte nicht anders:

»Sinhozinho …«, brachte ich heraus. »Finden Sie es in Ordnung, wie Zé das Malhas Dona Lulu behandelt?«

Sinhozinho Malta olhava para mim com carinho. A mão na minha nuca apertava um adeus curto e iminente. Sacudiu-me a cabeça. Naquele gesto, ele devolvia-me ao mundo.

Pegou no chapéu, num pequeniníssimo ramo de flores e saiu pela porta dançante.

– Um dia conto-lhe os detalhes...

Uma voz quieta invadiu-me os sentidos.

Era a enfermeira que haveria, anos mais tarde, de me explicar a sucessão dos eventos. O menino e o ator. Os delírios e as vestes. As estórias e a própria vida.

– Você é o escritor? – e dava-me outro ramo de flores, embora eu tenha apenas dois braços e um regaço.

– Também.

– E o que faz aqui?

– Não sei.

– Isso dá uma estória – acompanhou-me à mesma porta convidando-me a descer sem mais palavras.

Lá fora a tarde abraçou o meu olhar e eu fui buscar um oceano que me amparasse.

Ruídos suaves ao longe sugeriam a cavalgada lenta de Zeca Diabo. Ele ia embora. Sozinho. O chapéu, o chicote no pulso, a pistola à cintura, o bigode no rosto. O olhar também.

Cheguei ao mar. Na mancha escura do seu corpo, uma rosa amarela boiava ao longe. Antigamente, nós não tínhamos visto o Zeca Diabo segurar um ramo de flores. Nem falar de Benguela.

Sinhozinho Malta sah mich mit einem zärtlichen Blick an. Seine Hand drückte mir ein kurzes, unmittelbares Adieu in den Nacken. Er schüttelte meinen Kopf. Mit dieser Geste gab er mich in die Welt zurück.

Er nahm seinen Hut, einen winzigen Blumenstrauß, und ging tänzelnd durch die Tür.

»Irgendwann erzähle ich Ihnen die Einzelheiten …«

Eine ruhige Stimme überkam meine Sinne.

Die Krankenschwester war es, die mir Jahre später den Ablauf der Ereignisse schildern sollte. Vom Jungen und dem Schauspieler. Von Fantastereien und Kostümen. Geschichten, und vom Leben selbst.

»Sind Sie Schriftsteller?« Sie überreichte mir noch einen Blumenstrauß, obwohl ich nur zwei Arme und eine Umarmung habe.

»Auch.«

»Und was tun Sie hier?«

»Ich weiß nicht.«

»Das gibt eine gute Geschichte.« Sie begleitete mich zur selben Tür und bat mich ohne weitere Worte nach unten zu gehen.

Draußen umarmte der Nachmittag meinen Blick, und ich begab mich auf die Suche nach einem Ozean, der mich halten könnte.

Sanfte Geräusche von fern klangen nach Zeca Diabos gemächlichem Ritt. Er entfernte sich. Allein. Hut, die Peitsche am Handgelenk, die Pistole am Gürtel, Schnurrbart im Gesicht. Auch den Blick.

Ich kam ans Meer. Im dunklen Fleck seines Körpers schwamm weit draußen eine gelbe Rose. Früher hatten wir Zeca Diabo nie einen Blumenstrauß halten sehen. Und auch nie von Benguela er-

Nem que eu jure que foi uma estória de verdade: em Luanda?, ninguém nem vai me acreditar.

A rosa amarela boiava ao longe.

Ainda que não fosse – era uma rosa.

zählen. Ich will auch nicht schwören, dass die Geschichte stimmt: In Luanda?, wird mir kein Mensch glauben.

Die gelbe Rose schwamm weit draußen.

Und selbst wenn es keine gewesen wäre – es war eine Rose.

---

* Zeca Diabo. Ein *cangaceiro* aus dem gleichnamigen Theaterstück von Dias Gomes, das als Telenovela »O Bem-Amado« 1973 und in den 1980er Jahren als Fernsehserie mit Lima Duarte in der Rolle des Zeca Diabo verfilmt wurde.

** Odorico Paraguaçu, Hauptfigur aus »O Bem-Amado«.

*** Banguela = zahnlos (A.d.Ü.)

**** dialektale Aussprache von »Padre Cícero«, ein charismatischer katholischer Priester und Volksheiliger.

Tanger

Vivo en el numero siete, calle Melancolia.
Quiero mudarme hace anos al barrio de la alegria.
Pero siempre que lo intento
ha salido ya el tranvia.
J. Sabina

Segurava um cravo seco que os seus familiares renovavam de sete em sete dias. Tinha os olhos cansados e o olhar já vazio.

– Quer saber o que faço aqui? Espero a resposta do meu amor. Até lhe confesso: já não estou seguro do que sinto. Tenho um prazo e ela sabe disso. Comprometi-me em ficar aqui até ao fim. São dezanove dias e umas tantas noites.

Se me perguntassem, diria que este homem já não acredita na sua missão. O que me intrigava era saber quem seria a mulher insensível que se escondia atrás da janela.

Pede-me um cigarro. Acende-o com fósforos minúsculos. Tem os gestos calmos, as mãos limpas. A barba já lhe apareceu a esta hora.

– Tem horas?

– Já passa – digo a brincar.

Ele não insiste. Fuma. Olha a varanda defronte aos nossos olhos.

Tanger

Ich lebe in der Straße der Melancholie Nummer sieben.
Will seit Jahren ins Viertel der Fröhlichkeit ziehen.
Doch jedes Mal, wenn ich es versuche,
ist gerade die Straßenbahn weg.
J. Sabina

Er hielt eine trockene Nelke, die seine Angehörigen alle sieben Tage erneuerten. Seine Augen waren müde und sein Blick schon leer.

»Wollen Sie wissen, was ich hier mache? Ich warte auf Antwort von meiner Liebe. Ich gestehe ihnen sogar: Ich bin mir nicht einmal mehr sicher, was ich empfinde. Ich habe eine Frist, und sie weiß das. Ich habe mich dazu verpflichtet, hier bis zum Ende zu bleiben. Neunzehn Tage und ein paar Nächte.«

Fragte man mich, würde ich sagen, dass der Mann längst nicht mehr an seine Mission glaubte. Neugierig war ich darauf zu erfahren, wer denn die hartherzige Frau war, die sich hinter dem Fenster verbarg.

Er bittet mich um eine Zigarette. Steckt sie mit winzigen Streichhölzern an. Seine Bewegungen sind ruhig, seine Hände sauber. Bartstoppeln sind schon zu erkennen um diese Zeit.

»Wie spät ist es?«

»Zu spät«, sage ich aus Spaß.

Er fragt nicht weiter. Raucht. Schaut zum Balkon direkt vor unseren Augen.

– Daqui a bocadinho já lhe apresento uma personagem... Uma verdadeira personagem. Já vai ver – sorri, com malícia. – Prepare-se.

Pousa o cravo sobre o banco. O seu dedo bate vigorosamente no cigarro, deposita a cinza sempre no mesmo quadrado desenhado no chão.

– Nem é daqui a bocadinho..., é já.

Uma mulher de idade quase avançada vem na nossa direção. Levita num vestido leve, rendado, azulado, sob um pano que lhe vela o corpo. Tem uma leveza simpática na aura e nas mãos uma cesta.

Chega devagar para que não seja de repente.

– Olá... Boa noite... Para todos.

– Boa noite – digo, timidamente.

– Minha cara... Não precisava de se dar ao trabalho – o homem chega-se a mim, deixando espaço para que a mulher e o vestido se sentem.

– Nunca misturo o prazer com o trabalho – ela vai tirando coisas da cesta.

Compota, cigarros, pão fresco, manteiga com alho, guardanapos, meia garrafa de tinto, o abre-garrafas, fósforos, um pente prateado.

Ninguém diz nada. A luz acende-se na varanda.

O homem finge que não viu; eu mostro-me curioso; a mulher transpira um incómodo feminino que beira a irritação. A cortina movimenta-se, a sombra deixa-se adivinhar. Mas não vemos ninguém.

– Nunca se vê ninguém. É sempre a mesma coisa – a mulher sacode as mãos sem que fosse necessário.

– Vamos comer – o homem respira fundo, corta o pão.

»Gleich stelle ich Ihnen eine Persönlichkeit vor … Eine echte Persönlichkeit. Sie werden sehen.« Er grinst verschlagen. »Passen Sie auf.«"

Er legt die Nelke auf die Bank. Sein Finger klopft kräftig gegen die Zigarette, er lässt die Asche immer ins selbe Quadrat auf dem Boden fallen.

»Nicht mehr gleich …, sondern jetzt.«

Eine Frau in schon fast fortgeschrittenem Alter kommt auf uns zu. Schwebt heran in einem leichten, bläulichen Spitzenkleid, unter einem Tuch, das ihren Körper verdeckt. In ihrer Aura liegt eine sympathische Leichtigkeit, in der Hand hat sie einen Korb.

Sie kommt langsam heran, damit es nicht plötzlich ist.

»Hallo … Guten Abend … Allerseits.«

»Guten Abend«, sage ich schüchtern.

»Verehrteste … Die Mühe hätten Sie sich nicht machen brauchen«, der Mann rückt näher an mich heran, damit sich die Frau und das Kleid setzen können.

»Vergnügen und Mühe vermische ich nie.« Sie holt Sachen aus ihrem Korb.

Marmelade, Zigaretten, frisches Brot, Knoblauchbutter, Servietten, eine halbe Flasche Rotwein, den Korkenzieher, Streichhölzer, einen silbernen Kamm.

Niemand sagt etwas. Auf dem Balkon geht Licht an. Der Mann tut so, als hätte er es nicht gesehen, ich gebe mich neugierig, und die Frau verbreitet ein weibliches Unbehagen, das schon an Verärgerung grenzt. Der Vorhang bewegt sich, ein Schatten ist zu erahnen. Aber wir sehen niemanden.

»Nie ist jemand zu sehen. Es ist immer dasselbe.« Die Frau wedelt mit ihren Händen, obwohl es unnötig ist.

»Lasst uns essen«, der Mann holt tief Luft, schneidet das Brot.

Comemos devagar. É, talvez, o melhor pão do mundo. Não tem que ver com a dose de sal ou as temperaturas a que foi sujeito. Desconfio – e o homem também – que o nosso prazer vem da ternura com que foi preparado.

– Não há arma mais poderosa que a dedicação – segredo ao homem.

Ele, surpreendido, arregala os olhos.

– O amor?

– Não – confirmo. – A dedicação é muito mais poderosa.

– Se assim fosse – solta na voz uma certa tristezura –, a mulher a quem dedico este tempo da minha vida já teria vindo à janela dizer que sim. Ou que não.

– Responde quem escuta. Reage quem sente, meu caro.

– Lá isso é verdade.

Serve-se o vinho. Sem que ninguém diga nada, o que os três procuramos é um sinal da lua. O vento chega tão devagar que mais parece uma melodia que uma sensação. Invadido pelos primeiros sinais do álcool, o meu coração sorri. A minha pele relaxa. A mulher faz o mesmo: deixa-se acomodar no banco, relaxa a coluna, descalça-se. Abre ligeiramente as pernas num gesto que, se fosse totalmente inocente, teria passado despercebido. O homem tosse.

– Que a noite fale por mim – diz a mulher, baixinho.

– Onde está a lua? – pergunta o homem.

A luz na varanda apaga-se. Mas todos sabemos que alguém a apagou. A porta entreabre-se. Quem se move é apenas o cortina-

Wir essen langsam. Es ist das vielleicht beste Brot der Welt. Nicht wegen der Menge an Salz oder der Temperaturen, denen es ausgesetzt war. Ich glaube – und auch der Mann –, dass unser Genuss von der Zärtlichkeit kommt, mit der es gemacht wurde.

»Es gibt keine mächtigere Waffe als Hingabe«, flüstere ich dem Mann zu.

Staunend reißt er die Augen auf.

»Nicht die Liebe?«

»Nein«, sage ich. »Hingabe ist mächtiger.«

»Wenn es so wäre«, und in seiner Stimme schwingt etwas, das traurig macht, „wäre die Frau, der ich all diese Zeit meines Lebens widme, längst schon ans Fenster gekommen und hätte ja gesagt. Oder nein."

»Antworten kann nur, wer zuhört. Reagieren nur, wer empfindet, mein Lieber.«

»Das ist auch wieder wahr.«

Der Wein wird ausgeschenkt. Ohne dass jemand von uns etwas sagt, warten wir alle drei auf ein Zeichen des Mondes. Der Wind kommt so langsam, dass er mehr wie eine Melodie erscheint als wie eine Empfindung. Von den ersten Anzeichen des Alkohols überwältigt, fängt mein Herz an zu lächeln. Meine Haut entspannt sich. Die Frau auch: Sie lehnt sich auf der Bank zurück, entspannt ihren Rücken, streift die Schuhe ab. Spreizt leicht ihre Beine in einer Bewegung, die mir, wäre sie vollkommen unschuldig, nicht ins Auge gefallen wäre. Der Mann hustet.

»Soll die Nacht für mich sprechen«, sagt die Frau leise.

»Wo ist der Mond?«, fragt der Mann.

Das Licht auf dem Balkon geht aus. Aber wir alle wissen, dass jemand es ausgemacht hat. Die Tür öffnet sich einen Spalt. Nur der Vorhang bewegt sich. Er tanzt, kehrt um, schüttelt sich wie ei-

do. Dança, volta a entrar, abana-se como uma língua de fogo que fosse um pano transparente. O homem sorri e da-nos de beber.

Levanta-se. Pede licença. Vai aliviar a bexiga.

A mulher aproxima-se deslizando no banco. Olha para mim, sorri, passa a língua pelos lábios. Engano-me ao pensar que me vai fazer alguma declaração.

– Sabe há quanto tempo este homem está aqui?

– Não faço ideia.

– Há muitas noites... Semanas até. Deixe-me dizer-lhe uma coisa... – aproxima a boca do meu ouvido.

Respira intensamente. Ouvi-la é já uma provocação. Cheira tão bem que inventa nos meus sentidos a curiosidade de a cheirar toda. Sinto medo que esta mulher me tenha enfeitiçado.

– Diga.

– Eu... Em menos de três dias lhe diria que sim...

– A quem?

– A este homem da praça.

Toca-me com a ponta menos sólida dos lábios. Faz com que ouça a sua respiração. Tenho receio que o homem nos observe. Que me leve a mal. A mulher olha para trás. Ele não regressou ainda. Prossegue:

– Você vai levantar-se agora... E vai-se embora. Nunca mais vai voltar a esta cidade – agora o tom de voz é grave. A rouquidão na voz da-lhe uma assustadora autoridade. – Você vai-se embora com este segredo: a mulher naquela varanda sou eu.

Ouço passos. Em breve o homem estará de volta. Pego no cravo branco.

– Quantas noites dura este martírio?

ne Flamme, die vorgibt, ein Tuch zu sein. Der Mann lächelt und gibt uns zu trinken.

Er steht auf. Entschuldigt sich. Geht seine Blase erleichtern.

Die Frau rückt auf der Bank näher. Sie schaut mich an, lächelt, fährt sich mit der Zunge über die Lippen. Ich täusche mich, als ich denke, dass sie mir etwas gestehen will:

»Wissen Sie, wie lange der Mann schon hier ist?«

»Ich habe nicht die geringste Ahnung.«

»Seit vielen Nächten … seit Wochen. Lassen Sie mich eins sagen …« Sie kommt mit ihrem Mund nah an mein Ohr heran.

Sie atmet heftig. Allein sie zu hören ist eine Provokation. Sie riecht so gut, dass sie in meinen Sinnen die Neugier erfindet, sie ganz riechen zu wollen. Ich bekomme Angst, dass die Frau mich verhext haben könnte.

»Ja?«

»Ich … Ich würde nach nicht einmal drei Tagen ja sagen …«

»Wem?«

»Dem Mann hier auf dem Platz.«

Sie berührt mich mit der weniger festen Spitze der Lippen. Lässt mich ihren Atem hören. Ich habe Angst, dass der Mann uns beobachtet. Dass er es mir übel nimmt. Die Frau schaut hinter sich. Er ist noch nicht zurück. Sie fährt fort:

»Sie werden jetzt aufstehen … Und weggehen. Kommen Sie nie wieder in diese Stadt.« Ihre Stimme hat einen tieferen Ton angenommen. Das Raue in ihrer Stimme gibt ihr eine erschreckende Autorität. »Sie werden mit diesem Geheimnis gehen: Die Frau auf dem Balkon da bin ich.«

Ich höre Schritte. Gleich wird der Mann wieder da sein. Ich greife nach der weißen Nelke.

»Wie viele Nächte geht dieses Martyrium?«

A mulher já não sorri. Nem pestaneja.

– Não é um martírio. É uma escolha. Cada um suporta o peso da espera que deseja.

– Quantas noites?

– Quinhentas. Mas você não estará aqui para saber o fim desta estória.

Os quatro dedos da sua mão direita tocam-me o pescoço. É quase elétrica a queimadura que sinto. Com o susto, deixo cair o cravo.

– Diga-lhe que... Deixei um abraço.

– Digo o que eu quiser. Agora vá. Para a sua própria segurança, só pare de caminhar quando puder ver a lua. Adeus.

Caminho sem olhar para trás.

Dou a volta à praça, por ruas mais ou menos paralelas. Não resisto à curiosidade de espreitar – de longe – a mesma varanda. Agora vejo: o cortinado era a ponta do vestido dela.

Tenho preso na respiração o medo da minha incompreensão. Nenhuma lógica me vale neste momento. Por alguma razão, desde que vi essa mulher, obedeço cegamente às suas palavras. Quase duas horas depois sento-me num bar de estrada. Peço vinho.

Faço um esforço para identificar a música. A voz rouca, o ritmo lento. Não me consigo lembrar do segundo nome. O primeiro, seguramente, é Joaquín.

Alguém surge por detrás do meu corpo. Toca-me o ombro, sem me queimar. Mas é grande o susto.

– *Tranquilo, hombre... Solo quería pedirte fuego. ¿Ya has visto que bonita está la luna?*

Die Frau lächelt nicht mehr. Blinzelt nicht einmal.

»Es ist kein Martyrium. Es ist eine Entscheidung. Jeder erträgt immer genau das Gewicht des Wartens, das er sich wünscht.“

»Wie viele Nächte?«

»Fünfhundert. Aber dann werden Sie nicht mehr hier sein, um den Schluss dieser Geschichte zu erfahren.«

Die vier Finger ihrer rechten Hand berühren mich am Hals. Das Brennen, das ich spüre, ist fast elektrisch. Vor Schreck lasse ich die Nelke fallen.

»Sagen sie ihm, dass ... ich ihn grüßen lasse.«

»Ich sage, was Sie wollen. Aber jetzt gehen Sie. Zu Ihrer eigenen Sicherheit. Bleiben Sie erst stehen, wenn Sie den Mond sehen können. Auf Wiedersehen.«

Ich gehe los, ohne mich umzusehen.

Ich gehe um den Platz herum, mehr oder weniger über Seitenstraßen. Kann dabei aber der Neugier nicht widerstehen und schaue – von weitem – nach dem Balkon. Jetzt sehe ich: Die Gardine war eine Spitze von ihrem Kleid.

In meinem Atem gefangen ist die Angst vor meinem Nichtverstehen. Keine Logik kommt mir in diesem Moment zu Hilfe. Aus irgendeinem Grund gehorche ich, seit ich die Frau gesehen habe, ihren Worten blind. Nach fast zwei Stunden setze ich mich in ein Straßencafé. Bestelle Wein.

Ich gebe mir Mühe, die Musik zu erkennen. Die raue Stimme, den langsamen Rhythmus. An den Nachnamen kann ich mich nicht erinnern. Der Vorname ist jedenfalls Joaquín.

Jemand taucht hinter meinem Rücken auf. Berührt mich an der Schulter, ohne mich zu verbrennen. Aber der Schreck ist groß.

»*Tranquilo, hombre* ... Ich wollte dich nur nach Feuer fragen. Hast du schon gesehen, wie schön der Mond ist?

Em quase silêncio, o homem acende o seu cigarro, dedilha uma guitarra adormecida, murmura uma ladainha em espanhol:

trepo por tu recuerdo como una enredadera
que no encuentra ventanas donde agarrarse, soy
esa absurda epidemia que sufren las aceras,
si quieres encontrarme, ya sabes dónde estoy.

Fast schweigend zündet sich der Mann die Zigarette an, klimpert auf einer verschlafenen Gitarre, murmelt ein Liedchen auf Spanisch:

trepo por tu recuerdo como una enredadera
que no encuentra ventanas donde agarrarse, soy
esa absurda epidemia que sufren las aceras,
si quieres encontrarme, ya sabes dónde estoy[**].

** Ich ranke mich in deine Gedanken wie eine Rebe / die keine Fenster findet, um sich festzuklammern, bin / diese absurde Epidemie, an der die Gehwege leiden / wenn du mich finden willst, weißt du, wo ich bin.

Santiago de Compostela

Chove. Mas devagar.

– Aqui não chove devagar... – diz alguém.

Mas cada um tem o seu modo de ler a chuva. Acumulo noites em mim. Caminho cansado. As costas prendem-se a cada uma destas paredes como se eu pertencesse a todos os cantos. A todas as esquinas.

– Aqui chove devagar – insisto.

Falo com alguém que não conheço. Há meses que faço isso. Provoco diálogos absurdos para testar a resistência dos meus interlocutores. Se vejo uma fila, ponho-me nela, espero. Sem saber o quê. Uma fila é um lugar fixo em movimento, se pensarmos bem.

Resulta que esta fila não é uma fila, é um grupo de pessoas muito bem vestidas. Provavelmente um casamento. A vista, tenho-a turva. Com os braços, tento afinal organizar uma fila. Mas sou um elemento perturbador. Ninguém quer estar em fila.

– Mas afinal o que se passa aqui?

– O padre não abre a porta.

– Mas vamos todos entrar? – aqui, sim, tento novamente criar uma ordem na forma de uma fila.

– Todos quem?

– Vocês. Eu. Podíamos entrar por ordem.

– Por ordem?

– Sim. Uns atrás dos outros.

Santiago de Compostela

Es regnet. Allerdings langsam.

»Es regnet hier nie langsam ...« sagt jemand.

Aber jeder hat seine eigene Art, Regen zu lesen.

Ich sammle Nächte in mir. Gehe müde. Mein Rücken klammert sich gegen jede einzelne dieser Wände, als gehörte ich in jeden Winkel. In alle Ecken.

»Hier regnet es langsam,« beharre ich.

Ich rede mit jemandem, den ich nicht kenne. Ich tue das schon seit Monaten. Beginne absurde Gespräche, um den Widerstand meiner Gesprächspartner auf die Probe zu stellen. Wenn ich eine Schlange sehe, stelle ich mich an und warte. Ohne zu wissen, auf was. Eine Menschenschlange ist bei genauer Betrachtung ein fester Ort in Bewegung.

Es stellt sich heraus, dass diese Schlange gar keine Schlange ist, sondern eine Ansammlung sehr gut gekleideter Menschen. Eine Hochzeit wahrscheinlich. Mein Blick ist schon trüb. Mit Armbewegungen versuche ich, eine Schlange zu organisieren. Aber ich bin ein störendes Element. Niemand will sich anstellen.

»Was ist hier eigentlich los?«

»Der Pater macht die Tür nicht auf.«

»Aber wollen wir da alle rein?« Jetzt versuche ich tatsächlich noch einmal Ordnung in Form einer Schlange zu organisieren.

»Wer wir?«

»Sie. Und ich. Wir könnten nacheinander eintreten.«

»Nacheinander?«

»Ja. Einer nach dem anderen.«

– Não me faça rir – diz, calmamente, uma velha muito velha com a cara pintada de roxo.

Um dos mais bem vestidos, enervado, bate à porta. Bate de novo, com mais vigor. Se isto for um casamento, trata-se do pai do noivo. Sem que os ouçamos, todos podemos pressentir uma presença dentro da igreja. Há lá gente que respira. Há lá gente que toma a decisão de não abrir a porta.

Os mais calmos, fumam. São jovens. Riem-se do noivo. Olham para mim. Riem-se de mim. Não tenho a roupa apropriada e parece que saí de um casamento de três dias. Um deles faz-me sinal com um cigarro, respondo que não. Ponho os óculos escuros, escondo o rosto.

– Esta é a minha mãe... – a velha muito velha com a cara pintada de roxo afinal tem uma mãe que ainda vive.

– Muito prazer.

Olho em volta, não vejo nenhuma cadeira nem uma mureta onde a mãe da velha se pudesse sentar. Isso, sim, aflige-me: parece-me que a qualquer momento ambas as velhas poderão falecer. É evidente que uma delas está pronta para partir.

O homem que seria o pai do noivo bate à porta. Com mais veemência. Uma figura esguia decide abrir a porta. Tem os cabelos encharcados, uma toalha na cintura. A luz obriga-o a esforçar os olhos.

– Já aqui estamos! – abre os braços, o pai do noivo.

– «Estamos»... quem? – pergunta o homem encharcado.

»Bringen Sie mich nicht zum Lachen«, sagt betont ruhig eine sehr alte Frau mit violett angemaltem Gesicht.

Einer der Bessergekleideten klopft genervt gegen die Tür. Klopft noch einmal, nun kräftiger. Wenn das hier eine Hochzeit ist, ist er wohl der Vater des Bräutigams. Ohne etwas zu hören, ahnen wir alle, dass jemand in der Kirche ist. Da sind Leute, die atmen. Da sind Leute, die sich entschieden haben, die Tür nicht zu öffnen.

Die Entspannteren rauchen. Sie sind jung. Lachen über den Bräutigam. Sie schauen zu mir. Lachen über mich. Ich bin nicht angemessen gekleidet und wirke, als käme ich von einer Hochzeit von vor drei Tagen. Einer von ihnen winkt mir mit einer Zigarette, ich winke ab. Ich setze mir eine dunkle Brille auf und verstecke mein Gesicht.

»Das ist meine Mutter …« Die sehr alte Frau mit dem violett angemalten Gesicht hat also selbst noch eine Mutter, die lebt.

»Angenehm.«

Ich schaue mich um, sehe keinen Stuhl, nicht einmal ein Mäuerchen, wo sich die Mutter der alten Frau hinsetzen könnte. Das macht mir tatsächlich Sorge: Mir ist, als könnten beide Alten jeden Augenblick sterben. Es ist deutlich zu sehen, dass eine der beiden bereit ist, zu gehen.

Der Mann, wohl der Vater des Bräutigams, klopft noch einmal an die Tür. Diesmal drängender. Eine schmächtige Gestalt entschließt sich, aufzumachen. Er hat nasse Haare und ein Handtuch um die Hüfte. Das Licht zwingt ihn, die Augen zusammenzukneifen.

»Da sind wir schon!«, breitet der Vater des Bräutigams seine Arme aus.

»Wer … ›wir‹?«, fragt der nasse Mann.

– Nós. Os do casamento.

– Ah, sim... E que horas são?

– São cinco e cinco.

– E a que horas tinhamos marcado?

– Às cinco em ponto!

– Então e vocês já chegaram? Eu estava ainda a tomar banho. Seria bom voltarem às seis.

– Às seis é o ca...

Mas o homem, que era afinal um padre encharcado, voltou a fechar a porta. A mulher com a cara pintada de roxo segurava o braço da mãe que, por sua vez, se segurava nela.

Escutámos o som dos primeiros trovões. O terceiro, que foi muito forte, assustou o grupo. Primeiro o aumento do chuvisco, depois mais grosso, e finalmente gotas de água que magoavam o pescoço de quem, como nós, se encontrava desabrigado. Procuraram árvores e um curtíssimo tejadilho onde não cabia todo o mundo. As duas velhas, a da cara pintada de roxo e a sua mãe de incalculável idade, seguraram-se nos meus braços. Se eu quisesse caminhar, elas iriam comigo. E vieram.

Atravessámos a rua, já encharcados.

– Aqui quando chove não é brincadeira – uma velha sorri, aperta-me o braço.

– Não é brincadeira... – concorda a velha-mama, e aperta-me o outro braço.

Não sabia o que fazer. Busquei com o olhar um café aberto. Entrámos. Sentamo-nos os três. Eu peço um chá. Elas pedem meio jarro de vinho tinto. Perguntam-me de onde sou mas não me deixam responder. Estranham o meu sotaque mas pedem-me que continue a falar só em português.

»Wir. Von der Hochzeit.«

»Ach, ja … Und wie spät ist es?«

»Es ist fünf Minuten nach fünf.«

»Und welche Uhrzeit hatten wir ausgemacht?«

»Punkt fünf!«

»Also, und Sie sind schon da? Ich war noch unter der Dusche. Es wäre gut, wenn Sie um sechs wiederkommen könnten.«

»Um sechs ist die Hoch…«

Aber der Mann, der sich als nasser Priester herausgestellt hatte, schloss wieder die Tür. Die Frau mit dem violett angemalten Gesicht hielt ihre Mutter am Arm, die sich wiederum an ihr festhielt.

Wir hörten das erste Donnern. Der dritte Donner, der sehr laut war, erschreckte die Gruppe. Erst nieselte es stärker, dann kräftiger, schließlich fielen Tropfen, die allen, die wie wir draußen standen, im Nacken schmerzten. Man suchte Schutz unter Bäumen und einem winzigen Vordach, unter das nicht alle passten. Die beiden Alten, die mit dem violett angemalten Gesicht und ihre unkalkulierbar alte Mutter, klammerten sich an meine Arme. Würde ich loslaufen wollen, müssten sie mitkommen. Und sie kamen mit.

Wir überquerten die Straße, schon völlig durchnässt.

»Wenn es hier regnet, ist es kein Spaß«, lächelt die eine Alte und drückt meinen Arm.

»Kein Spaß …«, stimmt ihr die alte Mama zu und drückt meinen anderen Arm.

Ich wusste nicht, was ich tun sollte. Mit dem Blick suchte ich nach einem Café, das geöffnet hatte. Wir gingen hinein. Setzten uns alle drei. Ich bestelle Tee. Sie einen halben Krug Rotwein. Sie fragen, woher ich sei, lassen mich aber nicht antworten. Wundern sich über meine Aussprache, bitten mich aber, weiter auf Portugiesisch zu reden.

– É quase a nossa língua – diz a velha-mamã.

Perguntam se sou convidado da noiva ou do noivo. Sorrio. Não me deixam responder. Entendo, rapidamente, que não se trata de um diálogo. É, na verdade, um bi-monólogo roxo, regado a vinho tinto. As suas bochechas passam a um tom tão avermelhado que tenho medo que desmaiem. Ou possam vir a morrer. Mas o sorriso da velha mais velha, entre o roxo e o vermelho, não anuncia nenhuma desgraça. Pelo contrário: é paz o que posso ler. A velha original, a dita «filha», tem a cara invadida por uma mancha borrada de um roxo-aguado. Abre a mala, devagar, e tenho medo que retire um dardo envenenado para me atordoar. Mas é uma máquina antiga de fotografar. Algo que não seria suposto caber naquela carteira de senhora.

– Mamã, ponha-se do lado deste jovem. Vamos mandar à sua mãe. Dizemos que é seu namorado.

As duas rebentam a rir. A velha-mamã, afinal velha-também-ainda-filha, aperta-me o pescoço num abraço vigoroso.

– Vamos, sorria!

Obedeço. São três fotos. O garçom olha-me de longe, com pena. Faço o sinal da conta. Elas pedem mais um jarro. Lá fora chove. Ainda.

Saio. Encharcado, deixo-me caminhar assim, sob a chuva torrencial de Santiago de Compostela. Penso, num tom roxo e amedrontado, no que isto seria se também a mãe da velha-mamã tivesse vindo ao suposto casamento.

Procuro mais uma fila para me pôr nela. E esperar. Uma fila é também um lugar em movimento.

Possivelmente são cinco e cinquenta e sete.

»Es ist ja fast unsere Sprache«, sagt die alte Mama.

Sie fragen, ob ich Gast der Braut oder des Bräutigams sei. Ich lächle. Sie lassen mich nicht antworten. Schnell wird mir klar, dass dies kein Dialog sein soll. Sondern ein violetter, zweifacher Monolog in viel Rotwein. Ihre Wangen nehmen einen derart rötlichen Ton an, dass ich befürchte, sie könnten ohnmächtig werden. Oder sterben. Doch das Lächeln der älteren Alten, irgendwo zwischen violett und rot, kündet von keinerlei Unheil. Im Gegenteil: Ich lese Frieden darin. Das Gesicht der ursprünglichen Alten, der »Tochter«, verfärbt sich zu einem wässrig violetten Fleck. Sie macht ihren Koffer auf, langsam, und ich habe Angst, dass sie dort einen giftigen Pfeil herausholt, um mich zu bedrohen. Aber es ist ein alter Fotoapparat. Etwas, von dem man nicht glauben würde, dass es in so eine Damenhandtasche passt.

»Mama, rück mal neben den jungen Mann hier. Wir schicken es deiner Mutter und sagen, er sei dein Freund.«

Die beiden schütten sich aus vor Lachen. Die alte Mama, die sich als Alte herausstellt, die selbst auch noch Tochter ist, quetscht meinen Hals in einer kräftigen Umarmung.

»Los, lächeln Sie!«

Ich gehorche. Es sind drei Fotos. Der Kellner schaut mir von weitem zu, mitleidig. Ich gebe ihm Zeichen, dass ich zahlen will. Sie bestellen noch einen Krug. Draußen regnet es. Immer noch.

Ich gehe hinaus. Durchnässt lasse ich mich treiben unter dem strömenden Regen von Santiago de Compostela. Und überlege violett und verängstigt, wie es wäre, wenn auch die Mutter der greisen Mutter zu dieser vermutlichen Hochzeit gekommen wäre.

Ich suche mir die nächste Schlange, um mich anzustellen. Und um zu warten. Eine Schlange ist auch ein Ort in Bewegung.

Es dürfte fünf Uhr siebenundfünfzig sein.

Massoxiangango

Nunca, em vida, tinha visto um corpo dançar assim. Talvez nalgum sonho de que não me posso lembrar.

Olhei o céu. Limpo. Desejei que chovesse.

A mulher movia-se no silêncio nu da montanha, como se nunca tivesse conhecido raízes nos pés. Não era uma mulher que dançava. Era um corpo livre que podia autorizar-se a recusar um voo.

Nunca tinha visto um corpo desenhar tão claramente uma dor. Ainda que não me fosse possível decifrar o desenho: uma dor é uma figura fugidia para quem está fora dela. Os pés em círculo imperfeito, as pernas indomáveis, o vestido louco entre o movimento e o tempo do vento. O choro da montanha de pedra, escura, à espera – como eu – do voo. O corpo movia o mundo. Esse corpo com mil crianças dentro dele, e as suas bermas, e o seu som surdo, e as suas mãos aladas, pontiagudas, sibilantes. Gritavam as crianças dentro daquele corpo e ainda assim – tudo era mansidão. Desejei que chovesse porque a qualquer momento eu estaria prestes a chorar.

– A dança não é um mistério... – disse a mulher que se chamava Dissoxi.

– Para mim é apenasmente um mistério.

– Não é não. Você está enganado. A dança é uma fala que não sabemos como terminar.

– Os mais-velhos sabem quando parar de falar. Existe o fim de uma estória. Um silêncio. O momento de se retirarem.

Massoxiangango

Noch nie im Leben hatte ich einen Körper so tanzen sehen. Vielleicht in einem Traum, an den ich mich nicht mehr erinnere.

Ich sah zum Himmel. Wolkenlos. Ich hoffte, es würde regnen.

Die Frau bewegte sich in der nackten Stille des Bergs, als hätten ihre Füße nie Wurzeln gekannt. Sie war keine tanzende Frau. Sondern ein freier Körper, der es sich erlauben konnte, nicht fliegen zu wollen.

Ich hatte noch nie einen Körper so klar einen Schmerz zeichnen sehen. Auch wenn es mir unmöglich war, die Zeichnung zu lesen: Ein Schmerz ist, wenn man außerhalb steht, eine flüchtige Gestalt. Die Füße in unvollkommenem Kreis, die Beine unzähmbar, das Kleid wahnsinnig zwischen Bewegung und der Zeit des Windes. Der Chor des steinernen, dunklen Bergs, der – wie ich – darauf wartete, dass sie abhob. Der Körper bewegte die Welt. Dieser Körper mit tausend Kindern darin mit ihren Rändern, ihrem stumpfen Klang, ihren geflügelten, spitzen, flüsternden Händen. Es schrien die Kinder in diesem Körper und doch – alles war Sanftmut. Ich hoffte, es würde regnen, weil ich jeden Moment hätte in Tränen ausbrechen können.

»Tanz ist kein Geheimnis …«, sagte die Frau namens Dissoxi.

»Für mich ist er ausschließlich Geheimnis.«

»Nein, ist er nicht. Sie täuschen sich. Tanz ist eine Rede, die wir nicht beenden können.«

»Die Alten wissen, wann sie aufhören müssen zu sprechen. Es gibt das Ende einer Geschichte. Ein Schweigen. Den Augenblick, sich zurückzuziehen.«

– Não. Não confunda o teatro de sabedoria dos mais-velhos com uma retirada por falta do que dizer.

– Não seria falta do que dizer. É o momento em que já foi dito o que havia para ser transmitido.

Ela sorri. Não para o corpo. O corpo não pode parar. Não sabe. Não quer. Um corpo para de dançar quando é convidado pela exaustão do momento. Ninguém queria que ela parasse. Nem o vento. Nem eu. Nem a montanha.

– Esse momento não existe. Os mais-velhos retiram-se para depois poderem voltar.

– E quando morrem?

– Os velhos não morrem. Vejo no seu olhar que você sabe disso. Quantas vezes você se deixou morrer?

A pergunta deixa-me tonto. É tão certeira que me faz tremer o peito. Agacho-me. Olho o chão. Chegam-me as primeiras lágrimas.

– Talvez esta seja a primeira vez que nasci. Ainda nunca morri.

– Talvez. Vou aceitar a sua resposta porque está cheia de sinceridade.

Olhei o céu. Limpo. Azul feminino. Depois corrigi o pensamento: azul só. Nunca, durante o dia, um céu me tinha feito lembrar do deserto.

Pela sombra, o corpo de Dissoxi prosseguia a dança. A estranha emoção não me largava o pescoço, nem os olhos por dentro. Nem as mãos. Quis agarrar o momento na ponta dos meus dedos trémulos. Quis, com o vento, ser o momento. Mas eu era, como sempre, um mero espectador. Quem não toca, não dança, não se deixa embalar, está de fora. Julgava sentir o que apenas podia

»Nein. Verwechseln Sie nicht das Weisheitstheater der Älteren mit einem Rückzug aus Mangel an etwas zu sagen.«

»Es geht nicht um Mangel daran, etwas zu sagen. Es ist der Moment, in dem schon gesagt wurde, was es mitzuteilen gab.«

Sie lächelt. Hält ihren Körper nicht an. Ihr Körper kann nicht innehalten. Kann nicht. Will nicht. Ein Körper hört auf zu tanzen, wenn die Erschöpfung des Augenblicks ihn dazu zwingt. Niemand wollte, dass sie aufhört. Nicht der Wind. Nicht ich. Nicht der Berg.

»Diesen Augenblick gibt es nicht. Die Alten ziehen sich zurück, um später zurückkommen zu können.«

»Und wenn sie sterben?«

»Die Alten sterben nicht. In Ihrem Blick sehe ich, dass Sie das wissen. Wie oft haben Sie sich schon sterben lassen?«

Die Frage macht mich benommen. Sie ist so treffend, dass sie meine Brust beben lässt. Ich gehe in die Hocke. Schaue zu Boden. Mir kommen die ersten Tränen.

»Vielleicht ist dies das erste Mal, dass ich geboren wurde. Ich bin noch nie gestorben.«

»Vielleicht. Ich nehme Ihre Antwort an, weil sie so voller Aufrichtigkeit ist.«

Ich schaute zum Himmel hoch. Wolkenlos. Ein weibliches Blau. Dann korrigierte ich diesen Gedanken: nur blau. Noch nie hatte mich ein Himmel tagsüber an eine Wüste denken lassen.

Dem Schatten nach folgte Dissoxis Körper ihrem Tanzen. Dieses merkwürdige Gefühl löste sich weder aus meinem Hals noch von meinen Augen von innen. Noch von meinen Händen. Ich wollte den Augenblick mit der Spitze meiner zitternden Finger umklammern. Wollte mit dem Wind der Moment sein. Aber wie immer war ich nur Zuschauer. Wer nicht berührt, wer nicht tanzt,

olhar. Julgava apreender o que apenas contemplava. Flor no cimo do acontecimento, eu pouco sabia da calada movimentação da raiz.

Dissoxi era enraizamento e temperatura. Parou por instantes quando passaram as mais-velhas. E estavam longe. Mas um longe de onde as podíamos ver e elas, sem que nos vissem, nos podiam pressentir. Partilhávamos, assim, o vento. O dorso da montanha escura.

– Sabe o que é «massoxi»? – agora também a voz dela dançava.

– Lágrimas.

– E «Massoxiangango»?

– Isso não sei.

– É o lugar das mulheres chamadas Dissoxi.

– Como assim?

– Aqui todas as mulheres se chamam Dissoxi.

– Todas?

– Todas. Desde sempre.

– Então não se reconhecem pelo nome?

– Sim. Também. Mas cada uma assina com o corpo.

– Não entendi.

– Não são os nomes, nem as palavras. São os movimentos.

– Um movimento?

– Vários. Muitos. Isto que você me viu dançar agora... É a minha vida. Eu danço para contar. Para me pôr em paz com aquilo que eu não gostei que tivesse acontecido.

sich nicht sanft wiegen lässt, bleibt draußen. Ich glaubte zu spüren, was ich nur sehen konnte. Glaubte zu begreifen, was ich nur betrachtete. Als Blüte an der Spitze dessen, was geschah, wusste ich wenig über die stille Bewegung der Wurzel.

Dissoxi war Verwurzelung und Temperatur. Für einen kurzen Moment hielt sie inne, als die alten Frauen vorübergingen. Sie waren weit weg. Doch ein so weit weg, dass wir sie sehen konnten und sie uns, ohne uns zu sehen, ahnen. So teilten wir miteinander den Wind. Den Leib des dunklen Berges.

»Wissen Sie, was ›massoxi‹ ist?« Nun tanzte auch ihre Stimme.

»Tränen«

»Und ›Massoxiangango‹?«

»Das weiß ich nicht.«

»Der Ort der Frauen, die Dissoxi heißen.«

»Wie bitte?«

»Alle Frauen hier heißen Dissoxi.«

»Alle?«

»Alle. Schon immer.«

»Also erkennen sie sich nicht am Namen?«

»Doch. Auch. Aber jede Einzelne unterzeichnet auch mit ihrem Körper.«

»Das verstehe ich nicht.«

»Es sind weder die Namen noch Worte. Es sind die Bewegungen.«

»Eine Bewegung?«

»Verschiedene. Viele. Das, was Sie mich eben haben tanzen sehen … Ist mein Leben. Ich tanze, um zu erzählen. Um meinen Frieden mit dem zu machen, von dem ich wünschte, dass es nicht geschehen wäre.«

– Dança para reviver?

– Danço para contar. E para corrigir.

– Se você tiver que falar com outra Dissoxi, dança?

– Se tiver que conversar, danço. Se quiser chamar, basta um movimento com a mão. Veja.

O corpo estático, mais parado do que uma pedra, permitia que a mão fosse um corpo novo. Um outro lugar dentro mas fora dela. O corpo daquela Dissoxi estava, agora, pendurado na sua mão viva. O corpo era o resto. O silêncio pesou-me nos olhos mas resisti e olhei e pude ver. Três círculos assimétricos, o salto leve do dedo médio, a hesitação intencional no mais pequeno dos seus dedos. Por fim, o pulso recuado em milímetros exatos.

– Os três nomes. Daquelas mais velhas.

Quase não falámos mais. Eu tinha, é verdade, tanta coisa para finalmente perguntar àquela Dissoxi. Mas vi-me vazio dessa capacidade de formular palavras ou frases. Estar mudo, pensei, não é só não ter o que dizer. É também estar cheio de outras coisas que nos ocupam, e nos invadem, e nos sobrepõem de silêncio.

O seu olhar afligia-me. Espreitava-me dentro. Cada batida das suas pálpebras era um martelo de pedra cheio de eco.

– Você dança para corrigir o quê? – perguntei.

– A vida.

– E para contar...?

– O que já vivi. E o que ainda não vivi. Isto que você me viu dançar agora, e que qualquer um podia ter visto, é o que já vivi. O que posso ainda corrigir. Mas isso que você me viu dançar agora, e que nem todos podem ver, é o que ainda não vivi.

»Sie tanzen, um nachzuerleben?«

»Ich tanze, um zu erzählen. Und um zu korrigieren.«

»Wenn Sie mit einer anderen Dissoxi reden müssen, tanzen Sie dann?«

»Wenn ich mich unterhalten muss, tanze ich. Wenn ich sie rufen will, reicht eine Handbewegung. Schauen Sie.«

Ihr regloser Körper, starrer noch als ein Stein, erlaubte nun ihrer Hand, ein eigener Körper zu sein. Ein anderer Ort, aber außerhalb von ihr. Nun hing der Körper dieser Dissoxi an ihrer lebenden Hand. Ihr Körper war alles andere. Die Stille legte sich schwer auf die Augen, aber ich hielt stand, sah und konnte sehen. Drei asymmetrische Kreise, das leichte Hüpfen des Mittelfingers, das absichtliche Zögern im kleinsten ihrer Finger. Schließlich das Handgelenk, genau um ein paar Millimeter zurück.

»Die drei Namen. Der Alten da.«

Wir sagten fast nichts mehr. Ich hatte, das stimmt, noch so viel, das ich diese Dissoxi endlich hätte fragen wollen. Aber ich sah mich der Fähigkeit beraubt, Worte und Sätze zu formulieren. Stumm sein, dachte ich, heißt nicht nur nichts sagen zu können. Es heißt auch, so voll von anderen Dingen zu sein, die uns beschäftigen und überkommen, uns überwältigen mit ihrer Stille.

Ihr Blick machte mir Sorge. Sie sah in mich hinein. Jeder Wimpernschlag von ihr war ein steinerner Hammer mit Widerhall.

»Was möchten Sie mit ihrem Tanz korrigieren?«

»Das Leben.«

»Und was erzählen …?«

»Was ich alles erlebt habe. Und was ich nicht erlebt habe. Das, was Sie mich gerade haben tanzen sehen und das nicht alle sehen können, ist, was ich noch nicht erlebt habe.«

– Você dançou o que quis que eu visse. Porquê?

– Você sabe. Entre uma estória e outra, entre um olhar e outro, em cada pressentimento, você vai saber o lugar da sua velhice. Ainda lhe faltam muitas mortes. Esses intervalos preenchem-se com estórias. Esta é só mais uma. Não sabia?

– Ainda não.

Afastou-se tão devagar que não pude medir a que distância estava quando recomeçou a dança.

Tive força para me erguer. Pedi aos meus pés que caminhassem. Se não fosse naquele instante, corria o sério risco de sucumbir ao amor daquela mulher e não poderia, nunca mais, sair de Massoxiangango. Nunca, em vida, haveria de ver um corpo dançar assim. A não ser que fosse o mesmo, num futuro que ainda ninguém tinha dançado.

Olhei o céu. Limpo. Desejei que chovesse.

Pedi a uma das minhas mãos que se inquietasse devagarinho. Sem saber, eu dançava um nome para mim.

E então choveu.

»Sie haben getanzt, was Sie mich sehen lassen wollten. Warum?«

»Das wissen Sie. Zwischen einer Geschichte und der nächsten, zwischen einem Blick und dem nächsten, in jeder Ahnung werden Sie den Ort Ihres Alters erkennen. Es fehlen Ihnen noch viele Tode. Diese Zwischenräume füllen sich mit Geschichten. Diese ist nur eine davon. Wussten Sie das nicht?

»Bisher nicht.«

Sie entfernte sich dermaßen langsam, dass ich gar nicht ermessen konnte, wie weit sie weg war, als sie wieder zu tanzen begann.

Ich hatte gerade noch Kraft, aufzustehen. Ich bat meine Füße zu gehen. Wenn nicht in genau diesem Augenblick, hätte ich ernsthaft riskiert, der Liebe zu dieser Frau zu verfallen und wäre nie wieder aus Massoxiangango herausgekommen. Niemals mehr in meinem Leben würde ich einen Körper so tanzen sehen. Nur genau diesen, in einer Zukunft, die noch niemand getanzt hat.

Ich schaute zum Himmel hoch. Wolkenlos. Ich hoffte, es würde regnen.

Ich bat eine meiner Hände, allmählich unruhig zu werden. Ohne es zu wissen, tanzte ich mir einen Namen.

Und dann regnete es.

Mussulo

Vêm buscá-la à hora do jantar. As crianças já tomaram banho. A mesa está posta. Tem tempo apenas de apagar o fogo do fogão e deixar os bifes arrefecerem na frigideira.

Quatro homens armados. Um bote de borracha. As ordens que tinham.

Foi vestir-se melhor, buscar uns sapatos.

As crianças já tinham tomado banho. Já estavam à mesa, sentadas.

– A mamã não vai comer connosco?

– A mãe já vem. Tem que ir falar com uns camaradas em Luanda.

Quatro homens armados levam a mulher para o bote de borracha. Os vizinhos olham. O pai disfarça, vai até à cozinha, traz a frigideira com os bifes. O arroz já está na mesa. Uma vizinha vem ajudar. Toca as crianças na cabeça, inventa uma conversa. O mar está calmo. Quase escuro. A luz fluorescente da varanda não deixa ver o brilho da lua sobre o mar. O bote de borracha atravessa a escuridão em direção a Luanda. Uma das crianças diz que já não tem fome, mas que vai comer. O pai diz que ainda tem fome, mas não irá comer. A vizinha tem fome e vai comer.

– Como é, tudo nos conformes? – o vizinho distraído não sabia o que se tinha passado. – Tenho ali preparado o champagne para a meia-noite.

– Vamos ver... Vamos ver... – diz o pai, com voz triste.

Mussulo

Sie kommen sie holen, zur Essenszeit. Die Kinder sind schon gewaschen. Der Tisch ist gedeckt. Sie kann gerade noch das Feuer im Herd ausmachen, um das Fleisch in der Pfanne abkühlen zu lassen.

Vier bewaffnete Männer. Ein Schlauchboot. Ihre Befehle.

Sie ging sich was Besseres anziehen, ein Paar Schuhe holen.

Die Kinder waren gewaschen. Saßen schon am Tisch.

»Mama, isst du nicht mit?«

»Mama kommt gleich. Ich muss erst noch in Luanda mit ein paar Genossen sprechen.«

Vier bewaffnete Männer nehmen die Frau mit ins Schlauchboot. Die Nachbarn schauen zu. Der Vater tut unbeteiligt, geht in die Küche, bringt die Pfanne mit dem Fleisch. Der Reis steht schon auf dem Tisch. Eine Nachbarin kommt helfen. Sie streicht den Kindern über den Kopf, denkt sich was zum Reden aus.

Die See ist ruhig. Beinahe dunkel. Das funkelnde Licht der Veranda lässt das Strahlen des Monds über dem Meer nicht erkennen. Das Schlauchboot fährt durch die Finsternis auf Luanda zu. Eins der Kinder sagt, es habe keinen Hunger mehr, aber es wird essen. Der Vater sagt, dass er noch Hunger habe, aber nichts essen werde. Die Nachbarin hat Hunger und isst.

»Wie geht's? Alles in Ordnung?« Der achtlose Nachbar wusste nicht, was sich abgespielt hatte. »Ich habe Sekt mitgebracht, für um Mitternacht.«

»Mal sehen … Mal sehen …«, sagt der Vater mit trauriger Stimme.

O pai olha o mar. Apesar das luzes fluorescentes da varanda, o pai sabe que o mar está escuro. Pensa na mulher sozinha no barco de borracha, acompanhada pelos quatro homens armados. Olha o relógio. Irá olhar o relógio muitas vezes nessa noite.

– Então e a camarada mãe? – o vizinho brinca sem saber que não podia brincar.

– Está calado – diz a mulher do vizinho e o vizinho entende que se passa algo.

Coça a barriga o vizinho que agora entende que se passa algo.

– A camarada mãe foi a Luanda.

– A esta hora?

– A esta hora.

O pai faz sinal ao vizinho com o olhar. O vizinho finalmente entende.

As cigarras fazem barulho à volta da lâmpada fluorescente. As cigarras é que falam e não sentem medo. As crianças sentem medo, mesmo sem ter entendido onde a mãe foi àquela hora. À hora do jantar. O jantar do dia trinta e um de dezembro. A mãe nunca fez isso. A mãe até disse ao fim da tarde que iam ter um jantar especial, com bifes, por ser aquele dia. A mãe prometeu que podiam beber umas gotas de champanhe à meia-noite. Por ser aquele dia. A mãe não avisou que ia sair acompanhada de quatro homens armados num bote de borracha e deixar a frigideira sobre o fogão.

As cigarras fazem barulho à volta da lâmpada. Os mais-velhos não sabem o que dizer às crianças. As crianças têm vontade de chorar mas não podem fazer isso se não declararem a razão do seu

Der Vater schaut aufs Meer hinaus. Trotz des strahlenden Lichts auf der Veranda weiß der Vater, dass das Meer dunkel ist. Er denkt an die Frau, allein in dem Schlauchboot mit den vier bewaffneten Männern. Er schaut auf die Uhr. Er wird noch oft auf die Uhr schauen in dieser Nacht.

»Und die Genossin Mutter?«, der Nachbar macht Späße und weiß nicht, dass er keine machen sollte.

»Sei still«, sagt die Frau des Nachbarn, und der Nachbar merkt, dass etwas passiert ist.

Er kratzt sich am Bauch, der Nachbar, der nun versteht, dass etwas passiert ist.

»Genossin Mutter ist unterwegs nach Luanda.«

»Um diese Zeit?«

»Um diese Zeit.«

Der Vater wirft dem Nachbarn einen Blick zu. Der Nachbar versteht endlich.

Die Zikaden lärmen um die helle Lampe herum. Die Zikaden sprechen und fürchten sich nicht. Die Kinder haben Angst, ohne zu verstehen, wohin die Mutter um diese Uhrzeit gegangen ist. Zur Essenszeit. Zum Abendessen am einunddreißigsten Dezember. Das hat die Mutter noch nie getan. Bis zum Abend hatte Mutter gesagt, dass es zum Abendessen etwas Besonderes geben werde, mit Fleisch, weil es ja dieser Tag war. Die Mutter hatte versprochen, um Mitternacht dürften sie ein paar Tropfen Sekt trinken. Weil es dieser Tag war. Die Mutter hatte nicht gesagt, dass sie in Begleitung von vier bewaffneten Männern in einem Schlauchboot aufbrechen und die Bratpfanne auf dem Herd stehen lassen würde.

Die Zikaden lärmen um die Lampe herum. Die Alten wissen nicht, was sie den Kindern sagen sollen. Die Kinder wollen wei-

choro. Ouve-se apenas o barulho dos talheres. As mãos do vizinho novamente sobre a barriga. As marcas de sal na barriga dele.

– O mar tá muito escuro ou é impressão minha? – diz um dos filhos.

As outras crianças não respondem. O pai olha para o relógio. Já se viu que não vai comer. Acende um cigarro. O vizinho afasta-se em direção à casa dele. A vizinha põe a criança mais pequena no colo e dá-lhe de comer com uma colher. As crianças não parecem entusiasmadas com o bife. O bife cheira bem, a mãe tempera muito bem os bifes, deixa muito tempo no alho, mói o alho com sal e vinagre, põe sobre os bifes e deixa-os estar muito tempo à espera para serem fritos. Quando a mãe acabou de fritar os bifes, quando se ia sentar à mesa com todo o mundo, vieram buscá-la. A mãe sentiu o cheiro dos bifes mas não provou nenhum bife. A mãe poderia ter levado um bife dentro do pão para comer no caminho. Enquanto atravessa o mar escuro no bote de borracha.

Ninguém sabe a que horas a mãe vai voltar. Talvez o pai ou a vizinha possam aquecer os bifes mais tarde quando a mãe voltar. As crianças querem que a mãe volte agora, enquanto os bifes ainda estão quentes. A mãe não volta agora. O pai olha o relógio. O pai acende um cigarro, olha o mar escuro, e olha para o relógio. Para as crianças, já se passaram muitos minutos.

Quase ninguém fala. Só as cigarras. Cada vez mais. O vento, um pouquinho.

nen, aber sie dürfen nicht, ohne zu sagen, warum. Man hört nur das Geräusch des Bestecks. Die Hände des Nachbarn noch einmal auf seinem Bauch. Die Salzränder auf seinem Bauch.

»Das Meer ist sehr dunkel, oder bilde ich mir das ein?«, sagt eins der Kinder.

Die anderen Kinder antworten nicht. Der Vater schaut auf die Uhr. Man sieht schon, dass er nichts essen wird. Er steckt sich eine Zigarette an. Der Nachbar geht zu seinem Haus. Die Nachbarin setzt sich das kleinste Kind auf den Schoß und füttert es mit einem Löffel. Die Kinder scheinen vom Fleisch nicht begeistert zu sein. Das Fleisch riecht gut; die Mutter würzt das Fleisch immer sehr gut, legt es lange in Knoblauch ein, zerdrückt den Knoblauch mit Salz und Essig, gibt ihn über das Fleisch und lässt es lange ziehen, dann brät sie es. Als die Mutter gerade das Fleisch gebracht hat, als sie sich gerade zu Tisch setzen wollte mit allen zusammen, sind sie gekommen, um sie zu holen. Die Mutter hat das Fleisch riechen können, konnte aber nichts mehr davon probieren. Die Mutter hätte sich ein Stück Fleisch im Brot mitnehmen können, um es unterwegs zu essen. Während sie mit dem Schlauchboot über das dunkle Meer fährt.

Niemand weiß, wann die Mutter zurückkommen wird. Vielleicht können der Vater oder die Nachbarin das Fleisch später noch einmal aufwärmen, wenn die Mutter wieder zurück ist. Die Kinder wollen, dass die Mutter bald wieder zurück ist, solange das Fleisch noch warm ist. Die Mutter kommt jetzt noch nicht wieder. Der Vater schaut auf die Uhr. Der Vater steckt sich eine Zigarette an, schaut aufs dunkle Meer und schaut auf die Uhr. Für die Kinder sind schon viele Minuten vergangen.

Fast niemand sagt etwas. Nur die Zikaden. Immer mehr. Der Wind auch ein bisschen.

Um barulho de barco a motor, ao longe. Todos pousam os talheres. Todos olham para a praia. O vizinho que antes tinha falado na garrafa de champanhe e anda com a barriga de fora, vai até à praia espreitar. Com o barulho das cigarras mal se ouve o tipo de motor que é. Normalmente sabe-se que barco é pelo tipo de motor. Ou pelo tipo de ruído. Mas as crianças não sabem o tipo de motor que leva um bote de borracha. As crianças estranham quatro homens, à hora do jantar, todos fardados, até de botas, com armas na mão a perguntar pela mãe. As crianças não dizem nada, nem aos homens armados nem ao pai, mas não gostam de ver a mãe sair à hora do jantar.

– Isso é um barco normal – o vizinho fala baixo, da praia, mas mesmo baixo ouve-se na varanda da casa.

O vento traz as vozes. O som. O pai às vezes dizia quando estávamos na praia a contar estórias: «Falem baixo que o vento leva a conversa.»

Ninguém quer sobremesa. Nem fruta, nem outra coisa. A vizinha insiste, mas as crianças não querem. A cara mais triste e mais preocupada é a da vizinha. O pai disfarça, fuma, olha para o relógio. Vai até perto da água e olha o mar. Volta devagar, e não obriga ninguém a comer fruta. O pai quase não fala. A vizinha liga a televisão, mas ninguém liga nenhuma. O vizinho, marido dela, volta outra vez, veste um calção enorme, sem blusa. A barriga enorme de fora, as unhas a coçar a barriga, as marcas brancas de sal e as

Ein Motorbootgeräusch weit entfernt. Alle lassen das Besteck sinken. Alle schauen zum Strand. Der Nachbar, der vorher noch von der Flasche Sekt gesprochen hatte, und dem immer noch der Bauch unter dem Hemd heraushängt, geht zum Strand nachsehen. Bei dem Lärm der Zikaden kann man kaum hören, was für ein Motor das ist. Normalerweise erkennt man, was für ein Boot das ist, am Motor. Oder am Geräusch. Aber die Kinder wissen nicht, welche Art Motor das Schlauchboot antreibt. Die Kinder wundern sich über vier Männer, die zum Abendessen in Uniform, sogar in Stiefeln, mit Waffen in der Hand nach der Mutter fragen. Die Kinder sagen nichts, nicht zu den bewaffneten Männern, nichts zum Vater, aber sie sehen es nicht gern, wenn die Mutter zur Essenszeit weggeht.

»Es ist ein gewöhnliches Boot.« Der Nachbar spricht leise vom Strand aus, trotzdem hört man ihn leise auch auf der Veranda des Hauses.

Der Wind trägt die Stimmen heran. Den Ton. Der Vater sagte manchmal, wenn wir am Strand waren und uns Geschichten erzählten: »Sprecht leise, der Wind trägt die Gespräche fort.«

Niemand will Nachtisch. Kein Obst und auch nichts anderes. Die Nachbarin fragt noch einmal, aber die Kinder wollen nichts. Das traurigste und sorgenvollste Gesicht macht die Nachbarin. Der Vater versucht, sich nichts anmerken zu lassen, raucht, schaut auf die Uhr. Er geht zum Wasser und schaut aufs Meer hinaus. Dann kommt er langsam zurück und zwingt niemanden, Obst zu essen. Der Vater sagt fast gar nichts. Die Nachbarin schaltet den Fernseher ein, aber niemand beachtet ihn. Der Nachbar, ihr Mann, kommt wieder zurück und hat eine zu große kurze Hose an und kein Hemd. Sein riesiger Bauch ist zu sehen, seine Fingernägel kratzen am Bauch, die weißen Salzkrusten und rote Spuren

marcas avermelhadas na pele dele. O vizinho gosta de beber cerveja sentado na casa dele, quieto. Às vezes joga cartas. Ele e outros. Às vezes vem chamar o meu pai. Hoje não chama o meu pai nem vai se sentar na varanda da casa dele. O vizinho e a vizinha não sabem o que dizer às crianças.

Todos adormecem na sala. Nas cadeiras. Nos colchões no chão. O vizinho quase adormece de pé, encostado a um coqueiro. O pai não adormece nem por um minuto. De vez em quando olha o relógio.

Faltam uns doze ou quinze minutos para a meia-noite. Não se ouviu o barulho do bote de borracha. Não vi os homens armados com as fardas militares e as akás. Acordei com os passos na varanda. O mar um pouco mais agitado pelo vento.

O vizinho era também meu tio. A vizinha, era também minha madrinha. O pai, era o meu pai. A mãe, era a minha mãe.

– Os bifes estavam bons? – a minha mãe me pergunta.

Tem os olhos encarnados. Pega na minha irmã mais nova ao colo. Deita-a na cama lá dentro. A minha irmã mais velha põe a cabeça no colo dela. Eu sento-me do outro lado da mesa, com sono, a olhar para ela.

O meu pai aqueceu os bifes de novo. O cheiro é ainda melhor. A minha mãe tempera muito bem os bifes, desde cedo, como hoje à tarde, quando ela pensava que ia jantar connosco.

A minha mãe come devagar. O meu tio deve estar a beber outra cerveja. O meu pai fuma, olha o mar escuro, já não olha para o relógio.

auf seiner Haut. Der Nachbar sitzt gern vor dem Haus und trinkt Bier, schweigend. Manchmal spielt er Karten. Er mit anderen. Manchmal ruft er meinen Vater dazu. Heute ruft er weder meinen Vater, noch setzt er sich auf die Terrasse vor seinem Haus. Der Nachbar und die Nachbarin wissen nicht, was sie den Kindern erzählen sollen.

Alle schlafen im Wohnzimmer ein. Auf den Stühlen. Auf den Matratzen auf dem Boden. Der Nachbar schläft fast im Stehen ein, gegen eine Kokospalme gelehnt. Der Vater schläft keine Minute ein. Ab und zu schaut er auf die Uhr.

Noch zwölf oder fünfzehn Minuten bis Mitternacht. Das Geräusch des Schlauchboots war nicht zu hören. Ich habe die Männer mit ihren Uniformen und den Kalaschnikows nicht gesehen. Geweckt wurde ich von den Schritten auf der Veranda. Das Meer war vom Wind etwas aufgewühlt.

Der Nachbar war auch mein Onkel. Die Nachbarin war auch meine Patentante. Der Vater war mein Vater. Die Mutter war meine Mutter.

»Hat das Fleisch geschmeckt?«, fragt mich meine Mutter.

Ihre Augen sind rot. Sie nimmt meine jüngste Schwester auf den Arm. Sie legt sie im Haus ins Bett. Meine älteste Schwester legt ihren Kopf in ihren Schoß. Ich setze mich an den Tisch gegenüber, bin müde, und schaue sie an.

Mein Vater wärmte nochmal zwei Stück Fleisch auf. Sie riechen jetzt noch besser. Meine Mutter würzt das Fleisch sehr gut, immer schon, wie auch heute Abend, als sie noch dachte, sie würde mit uns essen.

Meine Mutter isst langsam. Mein Vater trinkt sicherlich noch ein Bier. Mein Vater raucht, schaut aufs dunkle Meer hinaus, schaut nicht mehr auf die Uhr.

Alguns tiros. Gritos contentes ao longe. Assim sabemos que é meia-noite. O meu tio e a minha madrinha voltam, da casa deles, com a garrafa de champanhe. A minha mãe ainda tem os olhos encarnados. Dá a mão ao meu pai.

Ninguém nos manda para a cama. Todos damos o kandandu do ano novo. As cigarras estão ainda lá a dançar nas lâmpadas fluorescentes. Sempre que mandam desligar o gerador, acaba o teatro das cigarras a falar de mais.

Ninguém não nos diz nada: ninguém falava dessas coisas à frente das crianças.

Nota: segundo o meu pai, «os do bote foram avisar que a mãe tinha de comparecer na sede do partido ao fim da tarde de 31. Fomos os dois no nosso barco. A mae foi interrogada e saiu de lá já era noite. Voltámos os dois no nosso barco ao mussulo.» Mas tudo o que eu posso dizer é que este conto resulta das minhas memórias emocionais. Assim vos agradeço, pai e mãe, pelo facto de me permitirem inserir este conto no livro. (Esta é a versão que me contou a criança que viveu aquela noite.)

Ein paar Schüsse. Fröhliches Geschrei aus der Ferne. Jetzt wissen wir, dass es Mitternacht ist. Mein Onkel und meine Patentante kommen mit der Sektflasche aus ihrem Haus zurück. Meine Mutter hat immer noch rote Augen. Sie gibt meinem Vater die Hand.

Niemand schickt uns ins Bett. Alle umarmen sich zum neuen Jahr. Die Zikaden sind immer noch da und tanzen um die flackernden Lampen. Immer wenn der Generator ausgeschaltet wird, endet das Schauspiel der Zikaden, die viel zu viel reden.

Niemand sagt uns etwas: Vor Kindern redet man über so etwas nicht.

Anmerkung: Laut meinem Vater „kamen die mit dem Boot, um zu sagen, dass Mutter am 31. nachmittags in der Parteizentrale erscheinen solle. Wir fuhren beide in unserem Boot. Mutter wurde befragt und kam erst wieder heraus, als es schon dunkel war. Wir fuhren beide im Boot nach Mussulo zurück." Ich kann dazu nicht mehr sagen, als dass die Geschichte hier aus meinen gefühlten Erinnerungen stammt. Daher danke ich euch, Vater und Mutter, für eure Erlaubnis, sie in einem Buch aufzunehmen. (Es ist die Version, die mir das Kind erzählt hat, das sie in jener Nacht erlebte.)

Para onde eu vou
Ferve a luz
Debaixo dos tectos
Há ontem e amanhã
Amores com pele de líquen
Sonhos azuis pelas esquinas
Ali não é preciso nada
Guardamos o lugar
Com palavras
Olhamos uns para os outros
E vamos, cada vez mais pobres
Tapar o sol com a peneira

Wo ich hingehe
Brodelt das Licht
Unter den Dächern
Sind Gestern und Morgen
Liebe mit der Haut von Flechten
Blaue Träume in jedem Winkel
Dort braucht es nichts
Wir bewahren den Ort
Mit Worten
Betrachten einander
Und gehen mit jedem Mal ärmer
Mit dem Sieb die Sonne verdecken

Ana Paula Tavares,
aus: *Como veias finas na terra* (2010)